Bernhard Irlinger

Genußradeln auf der Schwäbischen Alb

Steiger-Radführer

Bernhard Irlinger

Genußradeln auf der Schwäbischen Alb

56 Farbabbildungen,
30 Tourenkarten
und eine Übersichtskarte

STEIGER VERLAG

Der Autor:
Bernhard Irlinger arbeitet seit Abschluß seines Geographiestudiums als freier Journalist und Autor. Neben Radiobeiträgen und Zeitschriftenartikeln entstand eine Vielzahl von Rad- und Wanderführern. Die Touren dieses Bandes sind alle aktuell recherchiert und fotografiert. Vom selben Autor sind im Steiger Verlag die Bände »**Genußradeln im Schwarzwald**« und »**Wanderungen auf Kreta**« erschienen.

Die Deutsche Bibliothek - CIP-Einheitsaufnahme

Irlinger, Bernhard:
Genußradeln auf der Schwäbischen Alb / Bernhard Irlinger. -
Augsburg : Steiger, 1998
   (Steiger-Radführer)
   ISBN 3-89652-077-6

Alle Informationen und Hinweise ohne jede Gewähr und Haftung.

Es ist nicht gestattet, Abbildungen dieses Buchs zu scannen, in PCs oder auf CDs zu speichern. Ebenso unzulässig ist die Veränderung oder Manipulation in PCs/Computern, es sei denn mit schriftlicher Genehmigung des Verlags.

Gedruckt auf chlorfrei gebleichtem Papier.

©1998 **Steiger Verlag**
Ein Imprintverlag der Weltbild Verlag GmbH, Augsburg
Alle Rechte vorbehalten
Konzeption: Dr. Petra Altmann
Lektorat: Frank Auerbach
Kartenskizzen: Ingenieurbüro für Kartographie Heidi Schmalfuß, München
Layoutentwurf: VerlagsService Dr. Helmut Neuberger & Karl Schaumann, Heimstetten
Satz: Daniela Schäfer
Reproduktion: Typework Layoutsatz & Grafik GmbH, Augsburg
Druck und Bindung: Appl, Wemding

Einbandvorderseite: Bichishausen im Tal der Großen Lauter (Mauritius, Mittenwald/Foto: fm);
Einbandrückseite: Marktplatz von Pfullingen (Mauritus, Mittenwald/Foto: Hackenberg);
S. 1: Hundersingen im Tal der Großen Lauter; S. 2/3: Gundelfingen in einer Flußschleife der Großen Lauter (siehe Tour 14).

Printed in Germany

ISBN 3-89652-077-6

Inhalt

🚲 = für Kinder geeignete Touren

Übersichtskarte 6

EINFÜHRUNG 8
Genußradeln auf der Schwäbischen Alb 8
Die Geschichte einer Landschaft 9
Von der Steinzeit bis heute 10

TOURENBESCHREIBUNGEN

  1 Von Nördlingen in das Ries 14
  2 Von Lauchheim nach Baldern
     und Bopfingen 20
  3 Rund um Neresheim 25
  4 Von Steinheim in das Wental 29
  5 Von Herbrechtingen in das Lonetal 33
🚲 **6** Das Donauried bei Günzburg. 37
  7 Am Ursprung der Lone 42
  8 Täler und Höhen bei Blaubeuren... 46
  9 Von Schelklingen zur Sontheimer Höhle. 49
  10 Rund um Laichingen 52
  11 Am Albtrauf bei Wiesensteig 55
  12 Von Urach zur Burg Hohenneuffen 58
  13 Auf der Albhochfläche bei
     Schloß Lichtenstein 61
  14 Das Tal der Großen Lauter 65
  15 Täler und Höhen bei Obermarchtal..... 68
  16 Rund um Zwiefalten 71
🚲 **17** Von Riedlingen zum Federsee 74

🚲 **18** Zur Heuneburg bei Hundersingen 78
  19 Rund um Veringenstadt 82
  20 Das Laucherttal bei Gammertingen 85
  21 Im Schatten von Schloß Hohenzollern .. 89
  22 Vom Donautal zum Dreifaltigkeitsberg .. 93
  23 Die Vulkanberge im Hegau 96
  24 Von Meßkirch zur Burg Wildenstein ... 100
  25 Vom Donautal zum Schloß Werenwag . 103

**Auf dem Donau-Radwanderweg
in fünf Tagen von Donaueschingen
nach Ulm**
  26 Von Donaueschingen nach Tuttlingen . 106
  27 Von Tuttlingen nach Sigmaringen 110
🚲 **28** Von Sigmaringen nach Riedlingen 114
🚲 **29** Von Riedlingen nach Ehingen 117
  30 Von Ehingen durch das Tal
     der Urdonau nach Ulm 120

Informationen für Radwanderer 124
Das richtige Fahrrad 124
Zubehör 124
Pflege und Reparatur 125
Fahrradverleih 125
Radtransport 125
Unterkunft und Verpflegung 126
Mit Kindern unterwegs 126
Karten 126
Wichtige Adressen 126
Abkürzungen 126
Kartensymbole 127

Ortsregister 127

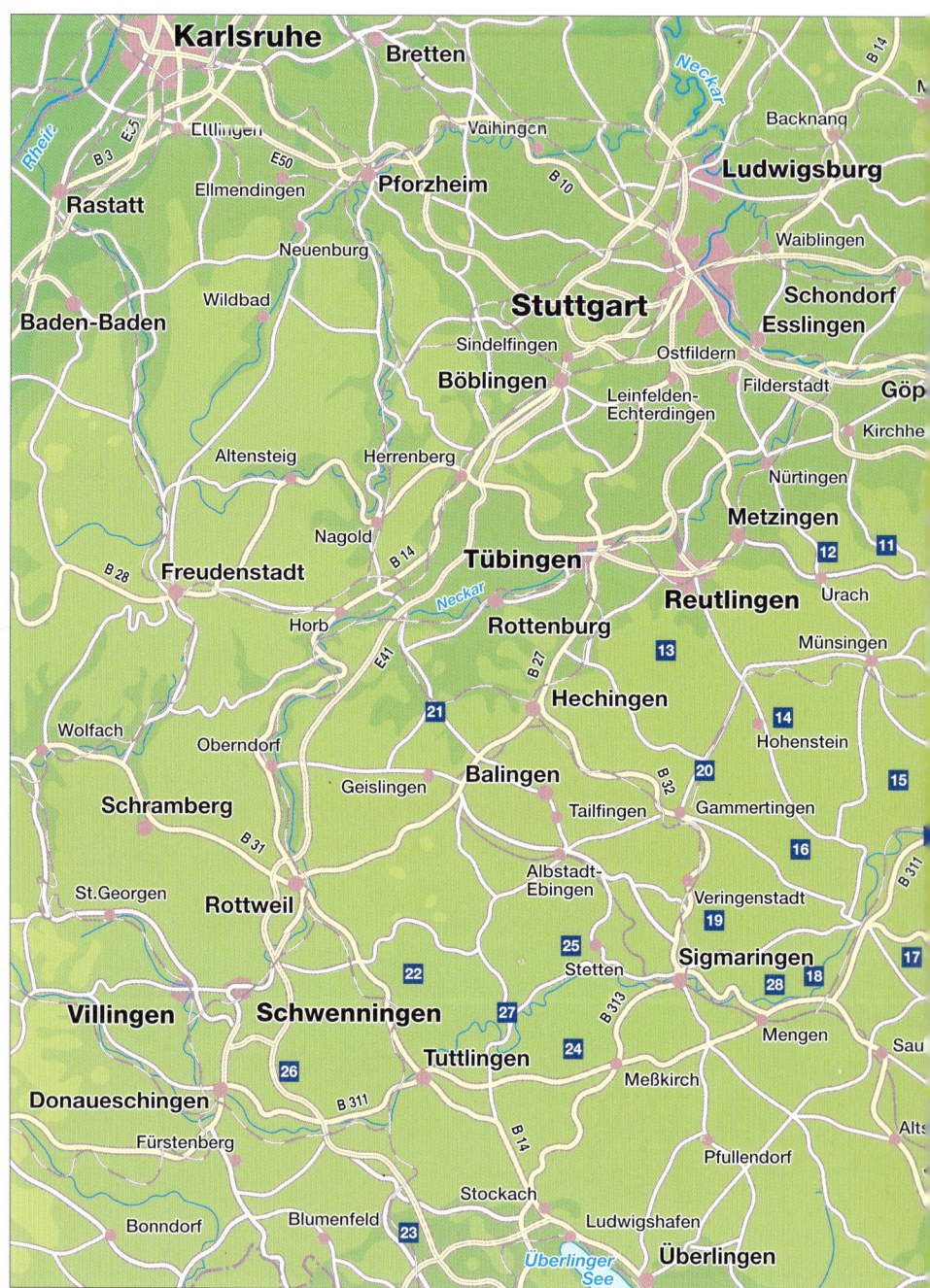

Übersichtskarte

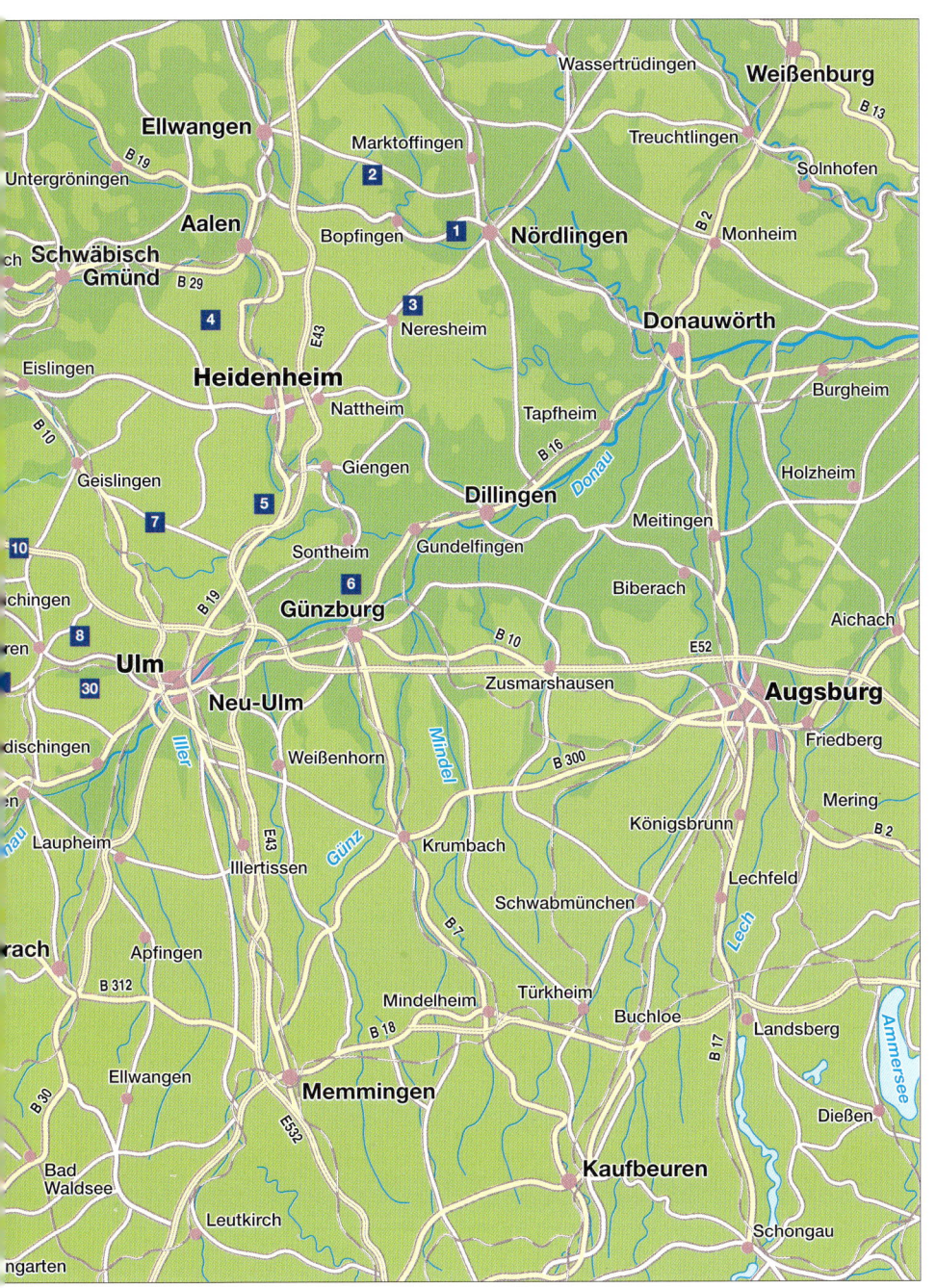

Einführung

Genußradeln auf der Schwäbischen Alb

Von Jahr zu Jahr erfreuen sich mehr Menschen an dem Genuß, losgelöst von der Hektik des Alltags auf dem Rad die Welt und sich selbst zu erkunden. Die Zahlen der abgeradelten Kilometer oder der eroberten Höhenmeter sind dabei für die meisten zweitrangig. Sie nehmen sich die Zeit, die Sehenswürdigkeiten am Weg zu entdecken oder eine gemütliche Einkehr zu genießen. Neben der sportlichen Betätigung steht für sie immer die Begeisterung, die ein Tag in freier Natur mit sich bringen kann, im Vordergrund.
Die Schwäbische Alb scheint dafür geschaffen, die Ansprüche der Genußradler zu erfüllen. Abseits vielbefahrener Haupt-

Am Westrand der Schwäbischen Alb gewährt der Dreifaltigkeitsberg, auf dem schon in vorgeschichtlicher Zeit Menschen siedelten, weite Blicke über das Vorland (Tour 22).

Einführung

straßen erschließt ein dichtes Netz schmaler Straßen und einsamer Feld- und Waldwege die gesamte Region. Sanfte Täler durchziehen das Gebirge und eröffnen Wege, die ein müheloses Fortkommen garantieren. Auf vielen Höhenrücken lassen sich Wege finden, die ohne allzu steile Anstiege schier grenzenlose Ausblicke eröffnen. Entlang nur weniger Kilometer kann man weitgeschwungene Hochflächen, liebliche Täler oder abweisende Felszinnen erleben, an denen die Kletterer ihre Kräfte messen. Und eine Vielfalt von Sehenswertem läßt uns immer wieder vom Rad steigen und ermöglicht es, tief in die Geschichte dieser einzigartigen Landschaft und der Menschen, die hier seit frühester Zeit leben, einzutauchen. Geheimnisvoll schimmern sagenumwobene Karstquellen, und bizarre Tropfsteinhöhlen locken uns unter die Erde. Schon seit der frühen Steinzeit lebten Menschen in den Tälern der Schwäbischen Alb. Kelten, Römer und Alemannen haben deutliche Spuren in der Landschaft hinterlassen, und mittelalterliche Burgen, Klöster und Städte laden zu einer Zeitreise ein. Diese Mischung aus Natur und Kultur macht die Schwäbische Alb zu einem der schönsten Ziele für jeden, der von genußvollen Radtouren abseits des Alltäglichen träumt. Lassen Sie uns auf das Rad steigen – und die Träume werden Wirklichkeit!

Die Geschichte einer Landschaft

Zwischen dem Hochrhein und dem Nördlinger Ries streckt sich der Gebirgsrücken der Schwäbischen Alb auf einer Länge von 220 Kilometern. Die Entstehungsgeschichte teilt sie mit dem im Südwesten angrenzenden Schweizer Jura und der sich im Nordosten anschließenden Fränkischen Alb. Hier wie dort bauen sich die Höhenzüge aus den hellen Kalken des Weißen Jura auf. Ihre Geschichte begann vor etwa 150 Millionen Jahren, als im süddeutschen Raum ein flaches Meer unter einer tropischen Sonne brütete. Im aufgeheizten Wasser wuchsen Korallen und Schwämme, die später zu den harten Kalkfelsen wurden, an denen heute die Kletterer turnen. Zwischen den Riffen sammelten sich kalkhaltige Ablagerungen, in die tote Fische, Muscheln, Ammoniten und andere Meerestiere eingebettet wurden. Heute helfen sie uns als Fossilien, das Werden und Vergehen auf der Erde zu entschlüsseln.

Im Laufe der Jahrmillionen sammelten sich diese Ablagerungen zu mächtigen Paketen und wurden zu widerstandfähigem Fels verfestigt. Im Tertiär hoben Kräfte aus dem Erdinneren die Gesteine des Weißen Jura und die tieferliegenden, älteren Schichten aus dem Meer. Am stärksten geschah dies im Südwesten, wo der nahe Schwarzwald nach oben drängte und wo wir bis heute die höchsten Gipfel der Schwäbischen Alb finden.

Die gehobenen Schichten, die als schräggestellte Tafeln nach Süden hin abtauchen, waren nun der Erosion ausgesetzt. Von Westen und Norden nagten die Nebenflüsse des tiefliegenden Rheins an den Gesteinen und legten immer tiefere, ältere Schichten frei. Die widerstandsfähigen Gesteine bildeten die markanten Schichtstufen, die wie die versetzt liegenden Blätter eines Papierstapels das Südwestdeutsche Schichtstufenland bilden. Die höchstgelegene und jüngste Schicht des Weißen Jura, die einstmals weit nach Norden reichte, wurde als erste abgetragen und konnte sich nur im Süden erhalten. Ihre Reste bilden heute die Schwäbische Alb, die mit der markanten Stufe des Alb-

Einführung

traufs zum Vorland abfällt. Der Stufe vorgelagert ist eine Anzahl sogenannter Zeugenberge, die durch die Erosionskräfte vom Gebirgskörper abgetrennt wurden und heute als isolierte Bergkegel die einstmals größere Ausdehnung der Schichten des Weißen Juras beweisen. Daß das Zurückweichen der Schwäbischen Alb noch lange nicht abgeschlossen ist, führen uns die Hangrutsche und Felsstürze am Albtrauf vor Augen.

Vor rund 40 Millionen Jahren bildeten sich nördlich der Alpen die Becken des Molassemeeres, dessen Brandung auf die Tafel der Schwäbischen Alb schwappte und eine teils bis heute deutlich auszumachende Klifflinie hinterließ. Nördlich dieser Linie blieb die kuppige Hochfläche erhalten; sie wird heute als Kuppenalb bezeichnet. Südlich wurde die Landschaft, die man heute Flächenalb nennt, von der Meeresbrandung glattgeschliffen.

Von dem Zeitpunkt an, als die Juratafel aus dem Meer aufstieg, setzte die Verkarstung ihrer wasserlöslichen Kalkgesteine ein. Wasser drang in Spalten und Klüfte ein, weitete sie und schuf sich ein unterirdisches Flußsystem. Je höher das Gebirge aufstieg, desto tiefer konnte das Wasser in den Albkörper vordringen. Höher gelegene Bereiche der Höhlensysteme fallen trocken, und das nachsickernde Wasser scheidet den gelösten Kalk in Form bizarrer Tropfsteine wieder aus. Wo Höhlen einstürzen, bilden sich an der Oberfläche tiefe Trichter, die Dolinen. An wasserundurchlässigen Schichten oder in den Flußtälern tritt das unterirdische Wasser wieder zutage. Besonders die schimmernden, aus unergründlichen Höhlen gespeisten Quelltöpfe beschäftigen seit jeher die Phantasie der Menschen.

Im späten Tertiär, vor 10 bis 20 Millionen Jahren, veränderten infernalische Geschehnisse das Gesicht der Schwäbischen Alb. Rund um Bad Urach durchschlug der Schwäbische Vulkan mit etwa 300 Schloten die Kalkfelsen. Die mit wasserstauendem Vulkangestein ausgefüllten Krater wurden in späterer Zeit auf der trockenen Albhochfläche zu bevorzugten Siedlungsplätzen. Eine jüngere Phase des Vulkanismus ließ im Hegau Schlote aus widerstandsfähigem Gestein entstehen, auf deren markanten Kuppen im Mittelalter eine Vielzahl von Burgen erbaut wurden. Erfolgten diese Veränderungen aus dem Erdinneren, so war in jener Zeit auch das weite Weltall an der Formung der Landschaft beteiligt. Von dort kamen die Meteoriten, die mit unvorstellbarer Wucht das weite Rund des Nördlinger Rieses und das kleinere Steinheimer Becken in die Erdoberfläche sprengten.

Eine einschneidende Veränderung der Alblandschaft brachte die Eiszeit mit sich, die vor etwa 2 Millionen Jahren begann. Mehrmals erstarrte das Land in Kälte. Der Untergrund war ganzjährig gefroren, und das Wasser der frühjährlichen Schneeschmelze konnte nicht versickern. Mächtig angeschwollene, mit scharfkantigem Gesteinsschutt bewehrte Flüsse schürften Täler in die Albhochfläche und schnitten enge Schluchten in den Fels.

Von der Steinzeit bis heute

Schon während der letzten Phase der Eiszeit, der Würmeiszeit, zog es die Menschen in die Täler der Schwäbischen Alb. Hier, in der gletscherfreien Alb, lebten die Neandertaler, die keineswegs so primitiv waren, wie lange vermutet wurde. Die zahlreichen Höhlen boten ihnen Schutz vor den schneidenden Winden. Im Vorfeld der weit in das Vorland ausgreifenden Alpengletscher jagten sie Rentiere, Mam-

Einführung

Südlich von Neresheim erhebt sich über der friedlichen Alblandschaft die mittelalterliche Burg Katzenstein (Tour 3).

Einführung

muts und Wildpferde. Nach und nach verdrängten unsere direkten Vorfahren die unterlegenen Neandertaler und bewiesen schon vor 40000 Jahren ihre Kunstfertigkeit mit Elfenbeinschnitzereien und Malereien.
Nach dem Ende der Würmeiszeit vor zirka 12000 Jahren ernährten sich die Steinzeitmenschen noch lange als Jäger und Sammler. Erst um 5000 v. Chr. drang von Südosteuropa her das Wissen von Ackerbau und Viehzucht nach Süddeutschland vor. Gegen 2000 v. Chr. hatten die Menschen in Süddeutschland gelernt, ein Metall zu verarbeiten, und die Bronzezeit begann. Sie fand um 800 v. Chr. ihr Ende mit dem Erscheinen der geheimnisvollen Kelten. Ihre Überlegenheit verdankten sie einem neuen, harten Werkstoff, dem Eisen. Die Kelten schufen Bauwerke, die bis heute deutliche Spuren in der Landschaft hinterlassen haben. In der frühkeltischen Hallstattzeit errichteten sie stark befestigte Fürstensitze und riesige Grabhügel. Ausgedehnte, durch Wälle geschützte Siedlungsanlagen und die heute als Kultstätten identifizierten Viereckschanzen sind die augenfälligsten Bauwerke der spätkeltischen La-Tène-Zeit.
Wenige Jahre vor Christi Geburt drangen die Römer bis zur Schwäbischen Alb vor und schoben nach und nach die Grenze ihres Reiches weiter nach Norden. Sie errichteten die Grenzbefestigung des Limes mit den zugehörigen Militärlagern. Im Hinterland entstanden Städte an den Kreuzungspunkten wichtiger Straßen, die bis heute an ihrem oftmals schnurgeraden Verlauf zu erkennen sind. Die teils luxuriös ausgestatteten Gutshöfe sicherten die Versorgung mit Lebensmitteln.
260 n. Chr. überrannten die Alemannen die römischen Grenzbefestigungen und eroberten den Raum zwischen dem Elsaß und dem Lech. Sie mußten sich 496 den überlegenen Franken unterwerfen. Zwischen den beiden Volksgruppen kam es in den folgenden Jahrhunderten immer wieder zu blutigen Auseinandersetzungen. Erst im 9. Jahrhundert konnte sich in Schwaben ein neues Stammesherzogtum bilden, das bald an Bedeutung gewann. Ende des 11. Jahrhunderts erlangten die Staufer die Herzogswürde. Durch die Förderung der Städte, den Bau von Burgen und die Gründung neuer Klöster mehrten sie ihre Macht und konnten im 12. Jahrhundert den deutschen Kaiser stellen.
Mit dem Tod des letzten Staufers im Jahre 1268 zerfiel das Herzogtum Schwaben, und verschiedene Geschlechter sowie Familienlinien stritten um die Vormachtstellung. Gegen heftigen Widerstand konnten schließlich im 15. Jahrhundert die Grafen von Württemberg ihre Macht ausdehnen, und 1495 wurde Graf Eberhart zum Herzog ernannt. Nach den Wirren der Bauernkriege und einer 14jährigen Vertreibung führte Herzog Ulrich in Württemberg 1534 die Reformation durch.
Im 16. Jahrhundert gelang es dem alten Geschlecht der Zollern, seine in viele Familienlinien aufgespaltenen Kräfte zu einen und auf der Alb wieder ein Machtfaktor zu werden. In der ersten Hälfte des 17. Jahrhunderts zogen die Kämpfe und Schlachten des Dreißigjährigen Krieges eine blutige Spur durch Südwestdeutschland. Die Bevölkerung mußte unsägliches Leid ertragen, von dem sich das Land nur langsam erholen konnte.
Württemberg blieb nach dem Friedensschluß im Jahre 1648 eine protestantische Insel im weitgehend katholischen Süddeutschland.
1805 erhielt das Haus Württemberg von Napoleon die Königswürde. Neben dem Königreich gewann das Fürstentum Hohenzollern, das 1850 an das verwandte

Einführung

Auf steilem Felsen thront die sagenumwobene Burgruine Reußenstein, die einen der malerischsten Anblicke auf der Schwäbischen Alb bietet (Tour 11).

Haus Preußen fiel, auf der Alb an zusätzlichem Einfluß. 1871 wurden das Herzogtum Hohenzollern und das Königreich Württemberg Teile des Deutschen Reiches. Nach dem Zweiten Weltkrieg bildeten Baden, Württemberg und Hohenzollern drei kleine Länder, die sich im Jahre 1951 nach einer Volksabstimmung zum heutigen Bundesland Baden-Württemberg zusammenschlossen.

1 Von Nördlingen in das Ries

Nordlingen – Wallerstein – Kirchheim – Trochtelfingen – Herkheim – Nördlingen

 Ausgangsort und Anfahrt
Der Bahnhof am Westrand der Altstadt von Nördlingen. Nördlingen liegt inmitten des Nördlinger Rieses am Kreuzungspunkt mehrerer Bundesstraßen. Bahnanschluß.

 Zielpunkt
Die Tour führt zum Ausgangspunkt zurück.

 Gesamttourenlänge
36 km.

 Zeitbedarf
3 Stunden.

 Etappen
Nördlingen – Kirchheim: 15 km; Kirchheim – Utzmemmingen: 8,5 km; Utzmemmingen – Nördlingen: 12,5 km.

 Steigungen
220 Höhenmeter, auf mehrere kurze Anstiege verteilt.

 Geländestruktur
Teils durch die weite Ebene des Nördlinger Rieses, teils durch das angrenzende Hügelland.

 Sehenswertes
• *Nördlingen:* Die gesamte Altstadt von Nördlingen mit Kirche St. Georg, Rathaus und Stadtmauer. • *Kirchheim:* Kloster, Martinskapelle und Alemannenmuseum. • *Ofnethöhle:* Steinzeitfunde und römisches Gutshaus.

Die heutige Tour führt uns durch das *Nördlinger Ries*, das vor etwa 15 Millionen Jahren durch den Einschlag eines gewaltigen Meteoriten entstand. Inmitten des Einschlagtrichters liegt Nördlingen, dessen Stadtmauer das weite Rund des Kraterrandes im kleinen nachzeichnet. Vor dem *Bahnhof* von **Nördlingen** radeln wir auf der Hauptstraße nach rechts und zweigen nach 600 Metern rechts in die nach *Nürnberg* ausgeschilderte B466 ab. Nach weiteren 600 Metern biegen wir, kurz bevor wir zum zweiten Mal eine Bahnlinie überqueren, links auf die zum *Flugplatz* ausgeschilderte Nebenstraße ab. Das Sträßchen biegt nach links, und nach kurzer Fahrt finden wir rechts eine Teerstraße (Ww. Klärwerk), die bald entlang der Gleise nach Norden führt. Nach 1,7 Kilometern schwenkt die Straße nach links und leitet uns nach der **Aumühle** über die Eger. An der nächsten Weggabelung halten wir uns rechts und treffen auf eine vorfahrtsberechtigte Straße. Wir biegen links auf die Betonstraße ein und radeln, mit herrlichem Blick zum *Ipf* und zum *Schloß Baldern*, immer geradeaus. Nach 2,5 Kilometern erreichen wir **Wallerstein** und fahren geradewegs in den Ort. Wir wechseln geradeaus auf die B25 und folgen der breiten Hauptstraße weiter durch den Ort. Nach ungefähr einem Kilometer biegen wir am Ortsende links in die nach Benzenzimmern ausgeschilderte Straße ein. Nach zwei Kilometern radeln wir auf der Hauptstraße geradewegs durch **Benzenzimmern.** Kurz nach dem Ortsende steigt die Straße stärker an. Wir finden hier rechts eine schmale Teerstraße, die uns sanft ansteigend geradewegs nach **Dirgenheim** leitet. Kurz nach den ersten Häusern radeln wir auf einer Querstraße wenige Meter links zur Hauptstraße hoch und auf ihr 350 Meter nach rechts. Dann biegen wir links in eine Teerstraße (Rad-Ww. Ries 3b) und sehen nach wenigen Metern auf dem Hügel gegenüber Kirchheim liegen. Wir lassen die Räder in das Tal hinabrollen, nehmen an der Weggabelung vor dem Bach den geteerten rechten Ast und fahren an den Ortsrand von **Kirchheim.** Hier radeln wir auf schmaler Straße geradewegs aufwärts, überqueren eine erste Straße und biegen

Von Nördlingen in das Ries 1

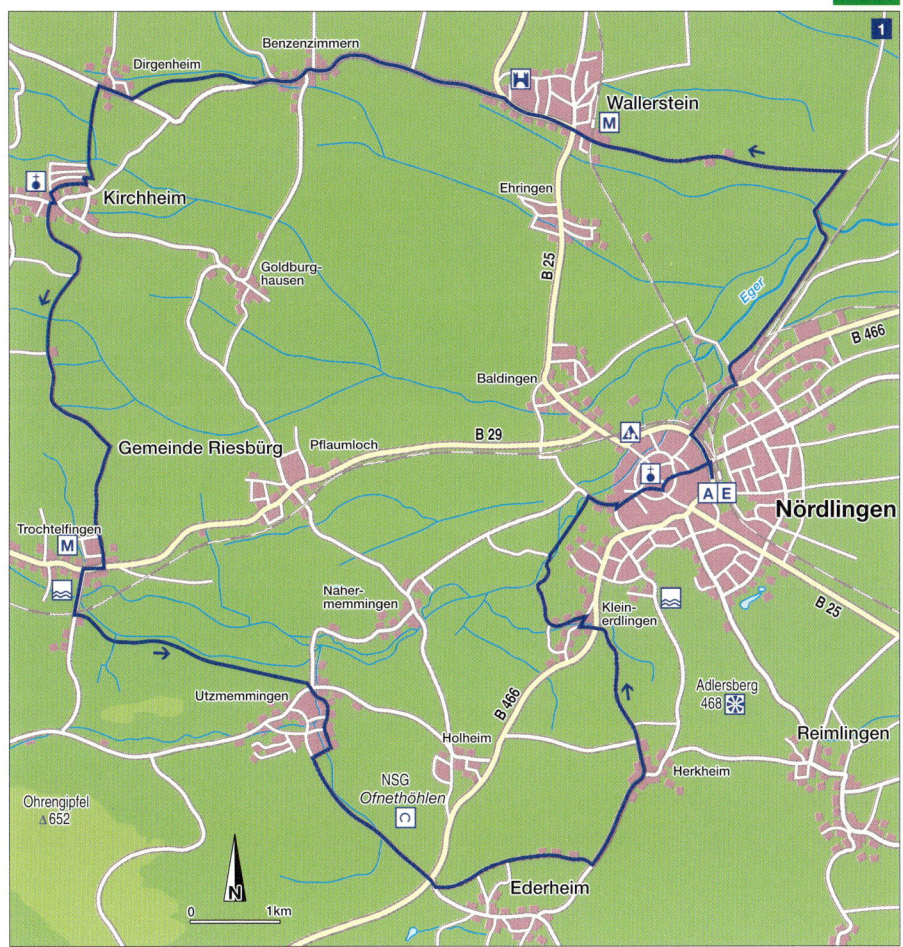

in die zweite Querstraße rechts ein. An der nächsten Kreuzung kurz die *Friedhofstraße* links hoch, dann rechts in die *Sudetenstraße* und an ihrem Ende links auf der *Jahnstraße* zur Hauptstraße hinab.
Wie Funde beweisen, siedelten in Kirchheim schon Kelten und Römer. Ihnen folgten die Alemannen, die einen Friedhof mit über 500 Gräbern (6.-8. Jahrhundert n. Chr) anlegten. In der Kirchheimer Schule sind die Funde in dem während der Schulzeit geöffneten Alemannenmuseum zu besichtigen.
Auf der Hauptstraße führen zwei kurze Abstecher zu den beiden bemerkenswerten Sakralbauten von Kirchheim. Fährt man die Straße durch den Ort nach unten in Richtung *Benzenzimmern,* liegt links die frühgotische Martinskapelle, in der ein römischer Altarstein entdeckt wurde.

1 Von Nördlingen in das Ries

Ältere Vorgängerbauten und der Ortsname lassen vermuten, daß an dieser Stelle schon in alemannischer Zeit eine frühchristliche Kirche bestand. Folgt man der Hauptstraße rechts aufwärts, findet man linker Hand das 1270 gestiftete ehemalige *Zisterzienserinnenkloster.* Die um 1300 vollendete gotische Klosterkirche wurde im 17. und 18. Jahrhundert von hervorragenden Künstlern barockisiert. Erhalten blieben das schöne gotische Chorgestühl, die ausgezeichnet gearbeiteten Grabsteine zweier Äbtissinen und der Stifterfamilie (14. Jahrhundert), ein gotisches Altarciborium in der Stefanskapelle und das Gnadenbild in der romanischen Stiftskapelle.

Der Weiterweg führt uns gegenüber der *Jahnstraße* in die Straße »*Auf dem Wört*«, die uns kurz aufwärts und dann geradewegs am Sportplatz vorbei aus dem Ort leitet. Nun radeln wir im Auf und Ab geradewegs zum **Heerhof.** An der Kreuzung nach dem Hofgelände wieder geradeaus und anstrengend zum Waldrand hinauf. Das Teersträßchen wendet sich bald nach links und läuft abwärts zu einer Wegkreuzung, von der wir einen herrlichen Blick in das Ries und zum vorgelagerten Goldberg haben. Auf dem breitschultrigen Kalkrücken errichteten schon in der Jungsteinzeit (5.-3. Jahrtausend v. Chr.) erste Menschen ihre Hütten. Im ersten Jahrtausend v. Chr. legten die Kelten auf dem Plateaugipfel eine befestigte Höhensiedlung an.

Wir folgen dem Teersträßchen nach rechts, und nach einer letzten Kuppe laufen die Räder geradewegs abwärts nach **Trochtelfingen.** Im Ort stoßen wir auf die B29, fahren auf ihr 200 Meter nach rechts und dann links in die nach *Utzmemmingen* ausgeschilderte Straße. Nach 500 Metern zweigen wir wenige Meter nach der Bahnlinie links in ein Teersträßchen und halten uns an der folgenden Weggabelung rechts. Jetzt radeln wir immer geradeaus, bis wir auf eine Vorfahrtstraße stoßen. Auf ihr nach rechts und an der nahen Kreuzung geradewegs nach **Utzmemmingen.** An der ersten Kreuzung im Ort halten wir uns links, biegen nach wenigen Metern rechts in die *Brunnenstraße* und radeln geradeaus durch den Ort. Am Ortsende zweigen wir kurz nach einem kleinen Steinbruch rechts ab und nach 200 Metern links auf eine Teerstraße. Nach einem Kilometer folgen wir an einer Weggabelung dem Hauptweg nach links und erreichen kurz darauf das Ausgrabungsgelände des *römischen Gutshofes*, von dem ein kurzer Aufstieg zur **Ofnethöhle** führt. Die *Villa Rustica* war etwa von 80 bis 230 n. Chr. bewohnt. Die Anlage an der Ofnethöhle bot den Bewohnern im Vergleich zu manch anderen römischen Gutshöfen, von denen es alleine im Nördlinger Ries an die hundert gab, nur bescheidenen Luxus. Oftmals erhielten verdiente römische Kriegsveteranen die Villen, von denen aus die Bevölkerung mit den benötigten Lebensmitteln versorgt wurde. In den Felsen oberhalb der Villa Rustica liegt die Ofnethöhle, in der über 100000 Jahre alte Tierreste gefunden wurden. Vor rund 13000 Jahren lebten in der Höhle Steinzeitjäger, auf deren Gebeine man bei Ausgrabungen stieß. Man entdeckte von ihnen hergestellte Waffen und Schmuckstücke, die zum Teil aus Mittelmeerschnecken angefertigt waren. Vom römischen Gutshof steigt die Straße zur B466 hinauf, die wir geradewegs überqueren (Ww. Ederheim). Nach 150 Metern finden wir links ein lediglich zu Beginn geteertes Sträßchen, das uns über den Rücken des Lachberges führt. Nach 500 Metern nehmen wir an einer Weggabelung den linken Weg, der am Waldrand

Von Nördlingen in das Ries 1

Der schon in vorgeschichtlicher Zeit besiedelte Goldberg liegt am Rand des Nördlinger Rieses, das durch den Einschlag eines Meteoriten entstanden ist.

1 Von Nördlingen in das Ries

Zu Füßen des Daniel, des 80 Meter hohen Turmes der Stadtkirche St. Georg, liegt die von einem vollständig erhaltenen Mauerring eingefaßte Altstadt von Nördlingen.

entlang führt. Wir radeln stets geradewegs über den aussichtsreichen Kamm, halten uns nach einem Kilometer rechts und stoßen nach wenigen Metern auf eine Vorfahrtsstraße. Auf ihr links hinab nach **Herkheim** und an der Kreuzung neben der Kirche auf der Hauptstraße nach links. Sie biegt am Ortsrand nach links,

Von Nördlingen in das Ries

und wir wechseln geradewegs auf eine schmale Teerstraße. Wir radeln geradeaus und biegen nach einem Kilometer neben einem Feldkreuz links auf ein Teersträßchen ein. An einer nahen Weggabelung halten wir uns rechts und folgen der Straße, die bald unter der B466 hindurch nach **Kleinerdlingen** hineinführt. Im Ort fahren wir auf der Vorfahrtsstraße nach rechts und zweigen nach kurzer Fahrt links in den *Brühlweg*. An der Kreuzung nach den letzten Häusern biegen wir rechts ab und folgen der schmalen Straße, die am Ufer der Eger nach rechts schwenkt. Wir fahren immer geradewegs der Straße nach, die nahe dem Fluß entlangführt. In **Nördlingen** treffen wir auf eine Vorfahrtsstraße, auf der wir nach rechts fahren. Nach 300 Metern biegen wir an einer Kreuzung links auf die Hauptstraße, die uns in die Altstadt leitet. Jetzt radeln wir geradedurch bis zur Kirche *St. Georg* im Zentrum der Nördlinger Altstadt.

Nördlingen bietet, umschlossen von einem vollständig erhaltenen Mauerring, eine der am besten erhaltenen Altstädte in Deutschland. Die Stadt entwickelte sich an der Stelle eines frühmittelalterlichen Hofgutes und wurde im 13. Jahrhundert Freie Reichsstadt. Die erste Stadtmauer aus jener Zeit beschreibt bis heute der innere Straßenring. Nördlingen wuchs schnell zu einer bedeutenden Handels- und Messestadt, und 1327 entstand der äußere Mauerring, der bis heute die Altstadt umgibt. Nach Jahrhunderten des Wohlstandes begann mit dem Dreißigjährigen Krieg der schnelle Niedergang. Zwei große Schlachten tobten vor den Toren, und mehrmals wurde die Stadt besetzt. Erst Mitte des 20 Jahrhunderts erreichte Nördlingen wieder die mittelalterliche Einwohnerzahl. Die lange wirtschaftliche Stagnation bewahrte jedoch die Altstadt vor Veränderungen und erhielt Nördlingen als einzigartiges Beispiel mittelalterlicher Stadtkultur.

Das Zentrum der Altstadt bildet die reich ausgestattete spätgotische Hallenkirche St. Georg. Ihr 90 Meter hoher Turm, genannt *Daniel*, bietet einen einzigartigen Blick über Stadt und Land. Von den Bauwerken der Altstadt verdienen das spätgotische Rathaus mit Renaissance-Freitreppe, das gotische Tanzhaus, die Hallengebäude am Weinmarkt aus dem 16. Jahrhundert und die Salvatorkirche mit spätgotischem Hochaltar besondere Beachtung. Das Klösterle am Hafenmarkt, eine ehemalige Ordenskirche, wurde im 16. Jahrhundert zu einem Kornspeicher umgebaut. Neben der Roßwette, der alten Pferdeschwemme an der Eger, liegt das Heilig-Geist-Spital aus dem 16. Jahrhundert, in dem heute das Stadtmuseum mit vor-, früh- und stadtgeschichtlichen Exponaten untergebracht ist. Wer zum Abschluß noch genug Zeit und Kraft besitzt, der kann auf der Stadtmauer mit ihren 15 Wehrtürmen rund um die Altstadt wandern.

Radverleih
In Nördingen.

Einkehrmöglichkeiten
In Wallerstein, Benzenzimmern, Dirgenheim, Kirchheim, Trochtelfingen, Utzmemmingen und Nördlingen.

Öffnungszeiten

• *Nördlingen:* Stadtmuseum: März – November, Di – So 10 – 12 und 14 – 16 Uhr.

Auskunft
Verkehrsamt Nördlingen, Tel. (09081) 4380.

Landkarten

Wanderkarte des Bayerischen Landesvermessungsamtes Blatt »Nördlingen«.

2 Von Lauchheim nach Baldern und Bopfingen

Lauchheim – Lippach – Baldern – Jagstheim – Bopfingen – Oberdorf – Röttingen – Lauchheim

 Ausgangsort und Anfahrt
Das Ortszentrum von Lauchheim. Lauchheim liegt östlich der Ausfahrt Aalen von der A7 an der B29. Bahnanschluß.

 Zielpunkt
Die Tour führt zum Ausgangspunkt zurück.

 Gesamttourenlänge
35 km.

 Zeitbedarf
3 Stunden.

 Etappen
Lauchheim – Baldern: 11 km; Baldern – Bopfingen: 12,5 km; Bopfingen – Lauchheim: 11,5 km.

 Steigungen
470 Höhenmeter, verteilt auf mehrere teils lange Anstiege.

 Geländestruktur
In ständigem Auf und Ab durch das stark gegliederte Hügelland westlich des Nördlinger Rieses.

 Sehenswertes
• *Lauchheim:* Altstadt mit Oberem Tor, Unterem Markt und Barbarakapelle. • *Baldern:* Schloß. • *Ipf:* Keltische Befestigungsanlagen. • *Bopfingen:* Altstadt mit Kirche St. Blasius.

Über Lauchheim thront auf einem Bergsporn die mächtige **Kapfenburg.** Rund um den mittelalterlichen Kern wurde sie im 16. und 18. Jahrhundert von den Deutschordensrittern zu einer wehrhaften Festung ausgebaut. Lauchheim war von 1431 bis 1806 die zur Ordensburg gehörige Amtsstadt. Sehenswert sind die Barbarakapelle mit feinen spätgotischen Fresken, der Untere Markt mit alten Bürgerhäusern und einem Brunnen von 1711 und das 1621 erbaute Obere Tor, das der Bürgerwehr als Rüstkammer diente.

Vom Marktplatz im Ortszentrum von **Lauchheim** radeln wir auf der Hauptstraße in Richtung Aalen und Kapfenburg. Nach kurzer Fahrt biegen wir gegenüber dem Abzweig zur Kapfenburg rechts in den **Mittelhofer Weg** (Rad-Ww. Ellwangen, Aalen) und nach 100 Metern rechts in den **Hettelsberger Weg**. An der Kreuzung nach der Jagst fahren wir auf schmaler Teerstraße geradewegs aufwärts. Nur bis zur Bundesstraßenunterführung ist der Anstieg anstrengend, die Steigung läßt bald deutlich nach. Wir fahren geradeaus am Hofgebäude **Hettelsberg** vorbei. Rechts liegt versteckt in den Getreideäckern eine keltische Viereckschanze. 400 Meter nach dem Hof erreichen wir den höchsten Punkt und lassen die Räder in einen Wiesensattel hinabrollen. An der Wegkreuzung biegen wir nach rechts und fahren geradewegs bis zur Hauptstraße in **Lippach** hinab. Auf ihr nach rechts und nach 50 Metern links in die nach **Baldern** ausgeschilderte Straße. Bei erster Gelegenheit biegen wir links ab (Ww. Stockmühle) und radeln gerade durch bis vor den niedrigen Erdwall des kleinen Stausees. Hier fahren wir auf der Querstraße nach rechts und an der **Stockmühle** vorbei aufwärts zu einem Querweg. Auf ihm rechts zu einer Vorfahrtsstraße, auf die wir links einbiegen. Kurz vor dem Wald zweigen wir rechts ab (Ww. Finkenweiler), radeln bis kurz vor den Weiler und zweigen links auf ein schmales Sträßlein ab. Wir radeln auf dem Teersträßchen anstrengend zu einer Weggabelung hinauf und rechtshaltend noch ein kurzes Stück steil aufwärts. Das Sträßchen wendet sich nach links und läßt uns jetzt ohne große Mühen oberhalb der St.-Gangolfs-Kapelle die Hauptstraße erreichen. Auf ihr fahren wir links durch den

Von Lauchheim nach Baldern und Bopfingen 2

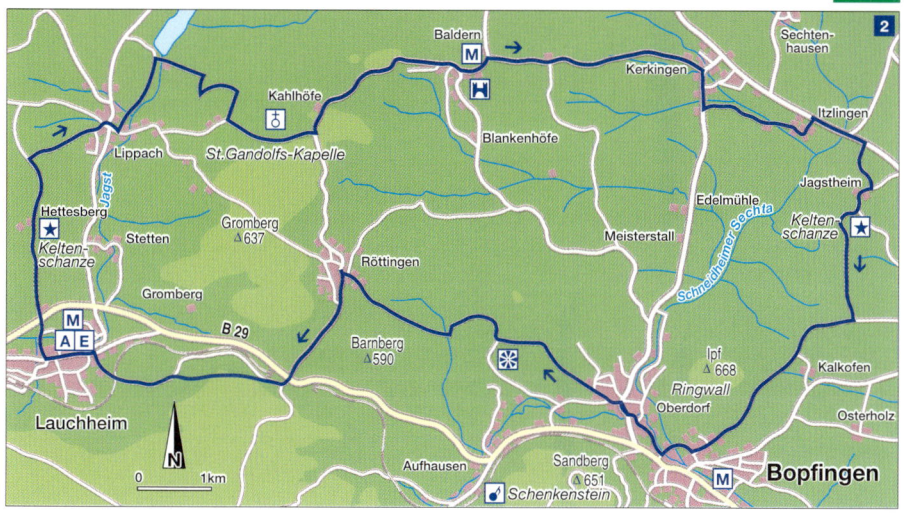

Weiler **Kahlhöfe**. Im Wald müssen wir noch einmal einen mühsamen Anstieg überwinden, ehe sich der herrliche Blick über Schloß Baldern zum Ipf und zum Nördlinger Ries öffnet. Das Nördlinger Ries (siehe Tour 1), eine Beckenlandschaft zwischen der Schwäbischen und der Fränkischen Alb, ist eine kreisrunde, fast baumlose Ebene von etwa 22 km Durchmesser, die von einem etwa 100 Meter hohen Rand umgeben ist. – Wir fahren auf der Straße hinab nach **Baldern** und erreichen eine Kreuzung. Geradeaus und dann rechts abbiegend führt ein anstrengender Abstecher zum Schloß hinauf. Es wurde Anfang des 18. Jahrhunderts über den Resten einer mittelalterlichen Burg errichtet. Der Fürstentrakt und die Schloßkirche wurden mit herrlichen Stukkaturen ausgestattet. Im Schloß ist eine Sammlung mit Waffen aus dem 15. bis 18. Jahrhundert untergebracht.

Wir halten uns jedoch links (Ww. Zöbingen, Kerkingen) und lassen die Räder zur nächsten Kreuzung hinabrollen, an der wir rechts abbiegen (Ww. Kerkingen). Auf der wenig befahrenen Straße fahren wir immer geradeaus, bis wir nach drei Kilometern in **Kerkingen** auf eine Vorfahrtsstraße stoßen. Auf ihr radeln wir rechts bis kurz vor das Ortsende und biegen dort links in die schmale Itzlinger Straße ein. Ohne Mühe gelangen wir in das nahe **Itzlingen**. Auf der *Kerkinger Straße* fahren wir durch den Ort bis hinter die kleine Kirche und halten uns dort links. Nach kurzer Fahrt stoßen wir auf die Hauptstraße, der wir nach rechts folgen. 200 Meter nach dem Abzweig nach Zipplingen biegen wir rechts in eine schmale Straße. An der Weggabelung halten wir uns links und radeln kurz steil bergauf. Das Sträßchen knickt nach links und führt uns nun sanfter zu einer Querstraße hinauf. Auf ihr fahren wir rechts durch den Weiler **Jagstheim** zu einer Kreuzung nahe der Kirche. Am Waldrand vor uns liegt hier eine weitere keltische Viereckschanze.

Wir biegen rechts auf ein Teersträßchen, das bald in einen Sandweg übergeht. An der Kreuzung vor einem Feldkreuz radeln wir auf dem Hauptweg links und geradewegs durch den Wald. Am Waldrand fahren wir an der ersten Wegkreuzung gera-

2 Von Lauchheim nach Baldern und Bopfingen

In der Altstadt von Bopfingen steht die frühgotische Kirche St. Blasius, die einen wundervollen gotischen Hochaltar besitzt.

Von Lauchheim nach Baldern und Bopfingen

deaus und biegen nach 200 Metern in die zweite Teerstraße rechts ein. Bald gewährt uns das Sträßchen herrliche Blicke zum Schloß Baldern, in das vom Nördlinger Kirchturm überragte Ries und auf die nahen Hänge des Ipf, auf die wir zuradeln. Sanft aufwärts fahren wir zum Parkplatz am **Ipf,** von dem aus der Gipfel in wenigen Minuten zu ersteigen ist. Der isolierte Berg besteht aus den gleichen Kalken wie die nahe Hochfläche der Schwäbischen Alb und beschreibt als sogenannter Zeugenberg die einstige Ausdehnung des Gebirges. Die guten Verteidigungsmöglichkeiten lockten schon in der Steinzeit Menschen auf den Plateaugipfel. In der späten Bronzezeit um 1000 v. Chr. wurden erste Verteidigungswälle angelegt. In der frühkeltischen Hallstattzeit (800-500 v. Chr.) befand sich auf dem Gipfel wahrscheinlich der Sitz eines Fürsten. In der anschließenden keltischen La-Tène-Zeit wurden die Wälle, die bis heute die Gipfelhochfläche in mehreren Ringen umgeben, weiter verstärkt. Dank seiner geschichtlichen Bedeutung und der seltenen Heidevegetation an seinen Hängen wurde der Berg unter Naturschutz gestellt.

Vom Parkplatz lassen wir die Räder auf der schmalen Straße geradewegs nach **Bopfingen** hinabrollen. Im Tal treffen wir auf eine Querstraße, auf der wir nach rechts fahren (Rad-Ww.). Nach dem Festplatz radeln wir links über die Eger bis kurz vor die B29. Wer in die Altstadt von Bopfingen will, fährt auf der Hauptstraße 150 Meter nach links und dann rechtshaltend in das nahe Zentrum.

Wohl schon um 500 n. Chr. siedelten an dieser Stelle Alemannen. Der im 8. Jahrhundert erstmals urkundlich erwähnte Ort wurde im Jahre 1240 Freie Reichsstadt. In den anschließenden Jahrhunderten erlebte Bopfingen seine Blütezeit. Von den Plünderungen des Dreißigjährigen Krieges konnte es sich aber nie mehr ganz erholen. Herzstück der Altstadt ist der Marktplatz mit dem Fachwerk-Rathaus von 1586 und dem Amtshaus aus dem 16. Jahrhundert. Die frühgotische Kirche St. Blasius besitzt einen bemerkenswerten Hochaltar aus dem 15. Jahrhundert. Im Süden wird die Stadt von der malerischen Ruine der im 12. Jahrhundert erbauten B*urg Flochberg* überragt.

Der Weiterweg führt etwa 30 Meter vor der Bundesstraße rechts in ein Sträßchen (Rad-Ww. Ellwangen, Aalen). Es verengt sich bald zu einem schmalen Weg und führt uns zu einer Holzbrücke, die uns am Ortsrand von **Oberdorf** rechts über das Wasser bringt. Der Ortsname geht auf das römische Kastell Opie zurück, das im 1. Jahrhundert n. Chr. hier den Alb-Limes sicherte. Wir radeln am Kanal entlang auf einem Radweg, der bald geradewegs in eine Straße übergeht. An einer Kreuzung geradeaus in die schmale Straße »*Im Vogelsang*«. Nach 150 Metern leitet uns der *Altbachweg* links zur Hauptstraße, auf der wir nach rechts fahren. Nach 200 Metern biegen wir nach einer Ampel scharf links in die *Karksteinstraße,* auf der wir geradewegs aus dem Ort radeln (nicht nach 200 Metern links dem Rad-Ww. folgen).

Nach einem Anstieg (Rad-Ww. Ries 1) flach durch die Hänge des bizarren Karksteins, noch einmal anstrengend bergauf und kurz nach dem höchsten Punkt zu einer Wegkreuzung.

Wir biegen rechts auf eine Sandstraße ein und nehmen an der nächsten Weggabelung links das Teersträßchen. An der Kreuzung im Talgrund halten wir uns rechts und folgen der schmalen Teerstraße geradewegs nach **Röttingen** hinauf. Im Dorf radeln wir auf der Hauptstraße nach links (Ww. Lauchheim) und erreichen nach einigem Auf und Ab die B29, die wir gerade-

2 Von Lauchheim nach Baldern und Bopfingen

Ein kurzer Abstecher führt uns auf den Gipfel des Ipf, dessen vorgeschichtliche Verteidigungswälle im Abendlicht besonders deutlich zu erkennen sind.

wegs überqueren. Nach 200 Metern setzt rechts an einem Wanderparkplatz eine Sandstraße an (Rad-Ww. Ries 1, Lauchheim), die in nahezu gleichbleibender Höhe durch den bewaldeten Hang läuft. Nach einem Kilometer halten wir uns an einer Weggabelung rechts und am Rand einer Wiese fahren wir auf dem Teersträßchen rechts hinab (Rad-Ww. Lauchheim).

Nach 100 Metern halten wir uns links und lassen die Räder steil nach Lauchheim hinabrollen. Am Ortsrand treffen wir auf eine Querstraße, auf der wir rechts (Rad-Ww. Jagsttal) zur Hauptstraße hinabfahren. Sie bringt uns links durch das Obere Tor in das Ortszentrum zurück.

Radverleih
In Lauchheim und Bopfingen.

Einkehrmöglichkeiten
In Lauchheim, Lippach, Baldern, Kerkingen, Bopfingen und Oberdorf.

Öffnungszeiten
• *Schloß Baldern*: 16.3. – 30.4 und 1.9. – 31.10. Di – So 9 – 11.30 und 13.30 – 16.30 Uhr; Mai – August Di – Sa 8.30 – 11.30 und 13.30 – 17 Uhr, So bis 16.30 und feiertags ab 10.30.

Auskunft
• Lauchheim: Stadtverwaltung, Tel. (07363) 8515; • Bopfingen: Fremdenverkehrsverein Ries-Ostalb, Tel. (07362) 80121.

Landkarten
Wanderkarte des Bayerischen Landesvermessungsamtes Blatt »Nördlingen«.

3 Rund um Neresheim

Neresheim – Iggenhausen – Katzenstein – Oberriffingen – Dorfmerkingen – Dossingen – Neresheim

 Ausgangsort und Anfahrt
Der Parkplatz am alten Bahnhof von Neresheim am südöstlichen Ortsende. Neresheim liegt an der B466 auf halbem Weg zwischen der Ausfahrt Heidenheim von der A7 und Nördlingen.

 Zielpunkt
Die Tour führt zum Ausgangspunkt zurück.

 Gesamttourenlänge
36 km

 Zeitbedarf
3 Stunden.

 Etappen
Neresheim – Katzenstein: 6 km; Katzenstein – Oberriffingen: 18,5 km; Oberriffingen – Dorfmerkingen: 4,5 km; Dorfmerkingen – Neresheim: 7 km.

 Steigungen
350 Höhenmeter, verteilt auf viele Anstiege. Nur vor Katzenstein ein kurzer steiler Berg.

 Geländestruktur
Großteils im Auf und Ab durch das Hügelland des Härtsfeldes.

Sehenswertes
• *Neresheim:* Barock-Kloster.
• *Katzenstein:* Burg.

Vom Bahnhof an der Museumsbahn in **Neresheim** radeln wir zur nahen Hauptstraße hinab und auf ihr links in Richtung *Dischingen*. Am Ortsende biegen wir rechts in eine schmale Teerstraße (Ww. Gallusmühle). Nach der *Egau* biegt das Sträßchen nach links, und nach 200 Metern zweigen wir erneut links in einen geteerten Feldweg (Rad-Ww.). An der folgenden Kreuzung halten wir uns links und wechseln unterhalb eines Hauses geradewegs auf eine Sandstraße. Nach 400 Metern führt an einer Gabelung der rechte Weg zum ehemaligen Steinbruch des Härtsfeldwerkes, der zu einem Biotop mit Lehrbienengarten und Kräutergarten umgestaltet wurde. Wir bleiben allerdings auf dem unterem Weg und fahren stets am rechten Rand des Egautales gerdeaus bis an den Ortsrand von **Iggenhausen**. Hier überqueren wir links auf einem Brückchen die Egau und fahren geradewegs durch das Dorf bis zur Hauptstraße. Gegenüber nehmen wir das rechte der beiden Nebensträßchen, das in zwei kurzen, steilen Aufschwüngen am Kirchlein vorbei aus dem Ort führt. Am höchsten Punkt entschädigt uns der Blick zur nahen Burg Katzenstein, und von einer Weggabelung lassen wir die Räder rechts nach **Katzenstein** hinabrollen. Wir stoßen auf eine Vorfahrtsstraße, auf der wir nach links fahren. Über der Straße ragt die *Burg Katzenstein* auf, die leider nicht zu besichtigen ist. Die sogenannte Buckelquadermauer des im 12. Jahrhundert errichteten Bergfrieds ist typisch für die Wehrbauten aus staufischer Zeit. In der Burgkapelle sind Fresken aus dem 13. Jahrhundert erhalten geblieben. Kurz nach der Burg biegen wir links ab (Ww. Frickingen) und radeln nach **Frickingen** hinauf. Kurz vor dem Ortsende zweigen wir rechts auf die nach *Dunstelkingen* ausgeschilderte Straße ab und finden nach 200 Metern links eine schmale Teerstraße. Sie markiert den Beginn der nahezu schnurgerade verlaufenden *Römerstraße* zwischen Faimingen und Oberdorf am Ipf, der wir mehrere Kilometer folgen werden. Nach kurzer Fahrt überqueren wir geradewegs die Hauptstraße und radeln geradeaus im Auf und Ab durch das Hügelland. Nach 3,5 Kiometern geht es westlich von Hohlenstein über eine Vorfahrtsstraße. Nach weiteren zwei Kilometern biegt das Sträßchen kurz nach links und wir treffen auf die B466. Auf ihr fah-

3 Rund um Neresheim

ren wir kurz rechts aufwärts und finden links die Fortsetzung der Römerstraße, die durch einen nachgebildeten römischen Meilenstein markiert ist. Nach weiteren 1,5 Kilometern biegen wir, wenige Meter bevor wir kurz vor Dehlingen auf die Landstraße stoßen, rechts in ein Teersträßchen. Wir fahren nach 300 Metern an einer Wegkreuzung links und halten uns an der nächsten Weggabelung wieder links. Jetzt radeln wir geradewegs abwärts bis zur Kreuzung am tiefsten Punkt der Talmulde und dort links zur Kreisstraße. Auf ihr fahren wir rechts 500 Meter aufwärts und finden links ein lediglich anfangs geteertes Sträßchen. Es führt uns bald geradewegs in den Wald und bringt uns auf einen Hügelrücken hinauf. Oben radeln wir gerade über die Forstwegkreuzung und abwärts zum Rand eines Ackers. Wir folgen dem Hauptweg links am Waldrand entlang und fahren immer geradeaus, bis wir auf eine Vorfahrtstaße tretten. Auf ihr nach links und gerade über die nahe Kreuzung in Richtung **Unterriffingen**. Nach 200 Metern biegen wir rechts in eine schmale Teerstraße, die uns zu einer Kreuzung führt. Geradewegs aufwärts machen wir noch einen Abstecher zum Aussichtspunkt über dem **Gut Hohenberg**, von dem der Blick zum nahen Ipf und weit in das Nördlinger Ries reicht. Anschließend lassen wir die Räder wieder zur letzten Kreuzung hinabrollen und halten uns rechts. Wir fahren stets geradeaus, bis wir in **Oberriffingen** auf eine Vorfahrtsstraße treffen.

Auf ihr links durch das Dorf und zu einer Kreuzung. Wir fahren geradeaus aufwärts (Ww. Dorfmerkingen) und zweigen nach 300 Metern links auf einen breiten Forstweg ab. Nun radeln wir in sanftem Auf und Ab auf dem Hauptweg immer geradewegs durch, bis wir nach etwa zwei Kilometern den Waldrand erreichen. Kurz darauf knickt das jetzt geteerte Sträßchen nach rechts und leitet uns geradewegs zur Kreisstraße hinab. Wir fahren links in das nahe **Dorfmerkingen**, halten uns an der ersten Kreuzung im Dorf rechts (Rad-Ww. Elchingen, Aalen) und biegen nach 40 Metern links in eine Nebenstraße (Rad-Ww.). Das Teersträßchen leitet uns durch das wunderschöne **Dossinger Tal,** das unter Naturschutz steht, abwärts. Nach einem Teich radeln wir an einer Kreuzung geradeaus (Rad-Ww. Neresheim) bis an den Ortsrand von **Dossingen.** Dort auf einer Querstraße nach links und über die Hauptstraße (Rad-Ww.). Die Straße schwenkt nach wenigen Metern nach rechts. Im Dorf fahren wir kurz nach rechts und halten uns nach wenigen Metern wieder links (Rad-Ww. Neres-

Rund um Neresheim 3

Über dem Tal der Egau erhebt sich Burg Katzenstein mit dem in staufischer Zeit, im 12. Jahrhundert, errichteten Bergfried.

3 Rund um Neresheim

Von Dorfmerkingen aus leitet uns das bezaubernde Dossinger Tal von der Albhochfläche wieder nach Neresheim hinab.

heim). Nun folgt das Sträßchen immer dem Grund des Dossinger Tales, bis wir nach 2,3 Kilometern am Ortsrand von Neresheim auf die B466 stoßen. Auf ihr wenige Meter nach links und dann rechts in die nach *Auernheim* ausgeschilderte Straße. Nach 150 Metern zweigen wir scharf links auf ein Teersträßchen ab und radeln auf die – das Tal überragende – Klosterkirche zu. Der Weg endet an einer Querstraße, die uns links in das nahe **Neresheim** führt. An der ersten Kreuzung im Ort halten wir uns rechts (Ww. Nördlingen) und folgen der Straße, bis wir auf die Hauptstraße treffen. Auf ihr radeln wir zur nächsten Kreuzung, an der die Zufahrtsstraße zum Kloster Neresheim und zum nahen Bahnhof links abbiegt. Zum Abschluß besuchen wir die Gebäude des barocken *Klosters Neresheim.* Die Abtei wurde im Jahr 1095 von Benediktinern gegründet. Da sie in den folgenden Jahrhunderten mehrmals Bränden zum Opfer fiel, ist von den mittelalterlichen Bauten nichts erhalten geblieben. Ab dem Ende des 17. Jahrhunderts wurde das Kloster von Grund auf neu errichtet. Zentrum und Glanzpunkt der Anlage bildet das nach Plänen von Balthasar Neumann erbaute Gotteshaus. Die Deckengemälde schuf der Tiroler Maler Martin Koller und die prachtvollen Stuckornamente der Wessobrunner Meister Thomas Schaidhauf.

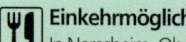
Einkehrmöglichkeiten
In Neresheim, Oberriffingen und Dorfmerkingen.

Auskunft
• Neresheim: Bürgermeisteramt, Tel. (07326) 8149.

Landkarten
LVA-Wanderkarte Blatt 16 »Aalen – Heidenheim« oder Wanderkarte der Bayerischen Landesvermessungsamtes Blatt »Nördlingen«.

4 Von Steinheim in das Wental

Steinheim – Wanderplatz Wental – Bartholomä – Rötenbach – Böhmenkirch – Neuselhalden – Steinheim

Ausgangsort und Anfahrt
Der Wanderparkplatz Wental zwei Kilometer westlich des Ortszentrums von Steinheim. Steinheim liegt westlich von Heidenheim nahe der B466 auf der Albhochfläche.

Zielpunkt
Die Tour führt zum Ausgangspunkt zurück.

Gesamttourenlänge
31 km

Zeitbedarf
3 Stunden.

Etappen
Steinheim – Bartholomä: 10 km; Bartholomä – Böhmenkirch: 10,5 km; Böhmenkirch – Steinheim: 10,5 km.

Steigungen
250 Höhenmeter, vor allem verteilt auf den langen, sanften Anstieg durch das Wental und einen kurzen, steilen Berg vor Neuselhalden.

 Geländestruktur
Ein beschauliches Tal und weite Hochflächen.

 Sehenswertes
Das beschauliche Wental.

Die Stadt **Steinheim** liegt in einer runden Senke, die vor 15 Millionen Jahren durch den Einschlag eines Meteoriten entstand. Möglicherweise war er ein abgesprengter Teil des größeren Meteoriten, der das Nördlinger Ries schuf. Das 250 Meter tiefe Becken füllte sich bald mit einem See, in dem Fossilien abgelagert wurden, die das Steinheimer Becken heute zum Ziel vieler Geologen machen. Im Ortsteil Sontheim wurde ein sehenswertes Meteoritenkarten-Museum eingericht.

Im Nordwesten mündet das Wental, das im unteren Bereich die Namen *Hirschtal* und *Gnannental* trägt, in das Steinheimer Becken. Gebildet wurde das Tal in der Eiszeit, als das Wasser im gefrorenen Untergrund nicht versickern konnte und sich auf der Erdoberfläche seinen Weg suchen mußte. Heute sammelt sich das Wasser im verkarsteten Untergrund und tritt im *Brenztopf* wieder zutage. Und wir können trockenen Fußes durch das teils als enge Schlucht ausgebildete Tal radeln. Wir beginnen unsere Tour am **Wanderparkplatz Wental** westlich von Steinheim. Unser Weg ist von hier bis kurz vor Bartholomä durchgehend als Radweg Nr. 5 und mit dem Wanderwegweiser »Felsenmeer« ausgeschildert. Das Teersträßchen steigt nach wenigen hundert Metern etwas stärker an, und wir erreichen eine Weggabelung, an der wir uns rechts halten. Bald haben wir die Höhe der Dammkrone erreicht, die Steinheim vor Überschwemmungen schützen soll, und können die Räder wieder in den nun breiten Talgrund rollen lassen. Das Sträßchen geht in einen Schotterweg über, der

4 Von Steinheim in das Wental

Nahe der Gaststätte Wental verlassen wir den Wald und radeln durch offenes Weideland auf Bartholomä zu.

Von Steinheim in das Wental

sich bald nur noch als grüne Spur über den Wiesengrund zieht. Am Waldrand setzt ein guter Kiesweg an, der uns sanft ansteigend durch den Talgrund des Wentales leitet. Bald nimmt die Steigung zu, und vorbei am Steinhüttle führt uns der Weg durch den schluchtartigen, von Felsen überragten Talabschnitt zum steil aufragenden Felsturm des Wentalweible. Der Talgrund wird bald wieder sanfter, und ohne große Mühen radeln wir bis zu einer Weggabelung. Wir nehmen den linken Weg, überqueren nach 100 Metern geradewegs die nächste Kreuzung und radeln durch den oberen Abschnitt des Wentals. Im Wald ragen hier besonders bizarre Felsgestalten auf, die Namen wie Nilpferd, Sphinx, Ruine und Spitzbubenstadel tragen. Nach kurzer Fahrt stoßen wir neben der **Gaststätte Wental** auf die Landstraße.

Auf ihr fahren wir wenige Meter nach links und biegen dann rechts in den Kiesweg ein, der durch das Felsenmeer führt. An die 30 imposante Dolomitfelsen wachsen hier auf engstem Raum aus den grünen Weideflächen. Der Weg leitet anschließend ohne Anstrengung durch den Talgrund und geht geradewegs in eine schmale Teerstraße über, die nach links in Richtung Bartholomä biegt. Neben zwei tiefen Dolinen erreichen wir eine Wegkreuzung, an der der Radweg Nr. 5 nach rechts abbiegt. Wir folgen jedoch geradewegs der Teerstraße, bis wir in **Bartholomä** auf die Hauptstraße treffen.

Auf ihr radeln wir durch das Ortszentrum. Etwa 100 Meter nachdem rechts die Straße nach Lautern abzweigt, biegen wir dem Radwegweiser nach *Böhmenkirch* folgend links in eine Seitenstraße ein. Vorbei am Sportplatz radeln wir aus dem Ort und halten uns an der Weggabelung kurz nach dem großen Steinbruch rechts (Rad-Ww.). Das Sträßchen leitet uns durch Wiesen bis zu einer Kreuzung kurz vor dem Waldrand, an der wir nach rechts schwenken. Wenige Meter vor der Landstraße biegt dieser Weg nach links und leitet uns zu den wenigen Häusern von **Rötenbach**. An der Wegkreuzung gerade durch und an einem Teich vorbei radeln wir aus dem Weiler. Nach 500 Metern treffen wir auf die Landstraße, die wir geradewegs überqueren. Eine schmale Teerstraße leitet uns in den Wald. Nach ungefähr einem Kilometer liegt rechts der Straße eine Waldweide. Etwa 400 Meter weiter biegt links von der Straße ein guter, mit gelber Raute bezeichneter Forstweg ab. Auf ihm radeln wir geradeaus durch den Wald. Nach rund einem Kilometer erreichen wir die Wiesentafel, auf der links die Heidhöfe liegen. Der Weg geht in ein Teersträßchen über, das uns geradeaus durch die Wiesen führt. Nach etwa einem Kilometer biegen wir vor einer von Buchen beschatteten Bank rechts in eine Teerstraße (Ww. gelbes Dreieck und blauer Balken). Das Sträßchen biegt bald nach links um und läuft geradewegs auf **Böhmenkirch** zu. Nach einem Anstieg führt uns die Straße zwischen den ersten Häusern zur Straße *Am Hungerberg* hinab. Auf ihr lassen wir die Räder rechts zur *Friedhofstraße* hinabrollen, auf der wir rechts bis zur breiten B466 fahren.

Gegenüber setzt die *Brommstraße* an, die uns links abwärts zum *Breiten Weg* führt. Auf ihm fahren wir rechts hinab, bis wir am tiefsten Punkt links in die *Schützenstraße* einbiegen. Das Teersträßchen führt uns geradewegs in das *Benzenhauser Teich* genannte Tal. Der Weg führt immer geradewegs durch den Talgrund bis zur Mündung in das *Eseltal*. An der Kreuzung radeln wir auf der Teerstraße links durch den mit Wacholder bestandenen Hang zur Dammkrone des Staubeckens Eseltal hinauf. Die Straße wird bald flach

4 Von Steinheim in das Wental

Felsenmeer wird die bizarre Ansammlung von etwa 30 Jurafelstürmen genannt, die am oberen Ende des Wentals unseren Weg überragen.

und leitet uns zum Schluß steil abwärts. Am Ortsrand von **Söhnstetten** stoßen wir auf die Kreisstraße, auf der wir kurz nach links zur B466 fahren.
Auf der Bundesstraße radeln wir ungefähr 150 Meter nach rechts und biegen dann bei erster Gelegenheit links in eine aufwärts führende Straße ein. Nach 200 Metern endet sie an einer Querstraße, auf der wir nach rechts fahren. An der nächsten Kreuzung unterhalb der Kirche wechseln wir geradewegs in die *Schmale Gasse*, der wir bis zu ihrem Ende folgen. Wir biegen rechts in die *Götzenbrunnenstraße* ein, die nach links umknickt und uns bis zum Ortsrand von Söhnstetten hinabbringt. Wir radeln auf der Hauptstraße links hinauf und biegen nach etwa 600 Metern rechts in die nach Neuselhalden ausgeschilderte Straße ein. Ein nach oben hin steiler, rund 900 Meter langer Anstieg führt uns durch einen bewaldeten Hang aufwärts zur Wiesenhochfläche, über die wir in das nahe **Neuselhalden** radeln. Wir fahren auf der Hauptstraße durch das Dörfchen und genießen dann die schwungvolle Abfahrt hinab in das *Steinheimer Becken*. Kurz nach dem Abzweig nach Gnannenweiler biegen wir links in die Straße ein, die uns nach wenigen hundert Metern zurück zum **Wanderparkplatz Wental** leitet.

> **Einkehrmöglichkeiten**
> Im Gasthof Wental, in Bartholomä, Böhmenkirch, Söhnstetten und Steinheim.
>
> **Auskunft**
> • Steinheim: Verkehrsamt, Tel. (07329) 890.
>
> **Landkarten**
> LVA-Wanderkarte Blatt 16 »Aalen – Heidenheim«.

5 Von Herbrechtingen in das Lonetal

Herbrechtingen – Hürben – Lontal – Setzingen – Heldenfingen – Anhausen – Eselsburg – Herbrechtingen

 Ausgangsort und Anfahrt
Herbrechtingen liegt 6 Kilometer westlich der Ausfahrt Giengen/Herbrechtingen von der A7; Bahnanschluß. Bei Anfahrt mit einem Pkw gute Parkmöglichkeiten am Hallenbad nahe des südlichen Ortsendes (siehe Tourenbeschreibung).

 Ausgangspunkt
Der Bahnhof in Herbrechtingen oder am südlichen Ortsrand die Parkplätze am Hallenbad.

 Zielpunkt
Die Tour führt zum Ausgangspunkt zurück.

 Gesamttourenlänge
49 km.

 Zeitbedarf
4½ Stunden

 Etappen
Herbrechtingen – Hürben: 6 km; Hürben – Setzingen: 14,5 km; Setzingen – Heldenfingen: 12,5 km; Heldenfingen – Anhausen: 8 km; Anhausen – Herbrechtingen: 8 km (oder umgekehrt).

 Steigungen
340 Höhenmeter, verteilt auf mehrere großteils sanfte Anstiege.

 Geländestruktur
Zum größten Teil durch flache Wiesentäler, die durch sanft gewelltes Hügelland getrennt werden.

 Sehenswertes
• Das *Eselsburger Tal*. • *Hürben:* die Charlottenhöhle. Das *Lonetal* mit in vorgeschichtlicher Zeit besiedelten Höhlen. Der *Hungerbrunnen* im gleichnamigen Tal.

Südlich von Herbrechtingen umfließt die *Brenz* in weitem Bogen den *Buigen* genannten Berg, dessen Südspitze vor über 3000 Jahren in der Bronzezeit und später in keltischer Zeit mit mächtigen Wällen zu einer Fluchtburg ausgebaut wurde. Der Talabschnitt östlich des Buigen trägt den Namen *Eselsburger Tal*, durch das wir zu Beginn und am Ende unserer Tour radeln. Mit seinen bizarren Felsformationen und artenreichen Trockenvegetation bildet es den schönsten Abschnitt des Brenztales. Vor dem Bahnhof in **Herbrechtingen** fahren wir rechtshaltend zur Bundesstraße, auf ihr links und nach wenigen Metern rechts in die *Brunnenstraße* (Ww. Hallenbad und Heimatmuseum). Kurz nach dem Hallenbad (gute Parkmöglichkeiten) überqueren wir die Brenz und biegen nach weiteren 300 Metern rechts in die *Eselsburger Straße* ein. Sie führt uns, vorbei am Heimatmusem, in das wundervolle Eselsburger Tal mit seinen Trockenrasen, den Wacholderheideflächen und den bizarren Felsformationen. Bald ragen unmittelbar links der Straße die markanten Felsfinger der Steinernen Jungfrauen auf. 300 Meter weiter biegen wir links auf ein Sandsträßchen ein, das uns durch sanfte Hänge zum Hochflächenrand hinaufleitet. Wir radeln geradewegs an einem Wanderparkplatz vorbei und stoßen auf eine schmale Teerstraße, auf der wir rechts in das nahe **Eselsburg** fahren. Hier bei den ersten Häusern links halten und nach wenigen Metern scharf links unter der Landstraße durch (Ww. Hürben). Die schmale Straße leitet uns über die Autobahn und dann abwärts zu einer Vorfahrtsstraße. Auf ihr lassen wir die Räder links durch **Hürben** bis zum Talgrund hinabrollen.
Dort radeln wir auf der Vorfahrtsstraße nach rechts (Ww. Charlottenhöhle, Hermaringen) zum Gasthof am Aufgang zur **Charlottenhöhle**. Sie ist 532 Meter lang, und auf einer Führung begeistern die wundervollen Tropfsteinbildungen. Wir

5 Von Herbrechtingen in das Lonetal

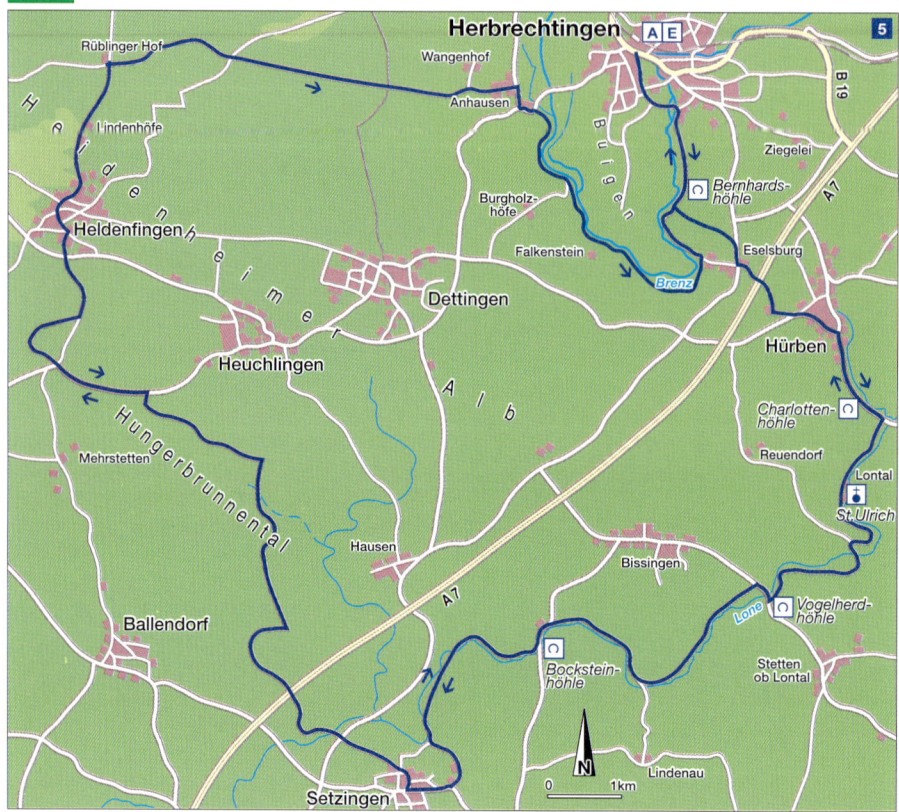

folgen noch kurz der Hauptstraße, ehe wir rechts auf das schmale, nach Lontal ausgeschilderte Sträßchen einbiegen. Die Straße läuft geradeaus durch das Dörfchen **Lontal,** im dem die spätgotische Ulrichskirche einen Besuch wert ist, und schwenkt nach einer engen Talschleife nach links durch den Talboden. Wir folgen dem Tal an seiner linken Seite, bis wir auf eine breite Hauptstraße stoßen. Links führt ein kurzer Spaziergang hinauf zur *Vogelherdhöhle*. Die Höhlen im *Lonetal* sind bekannt für die reichen Funde, die man in ihnen gemacht hat. In der Vogelherdhöhle stieß man bei Grabungen auf die Reste verschiedener Eiszeittiere. 1931 fand man mehrere vor 30000 Jahren von Steinzeitjägern aus Elfenbein geschnitzte Tierfiguren, die heute in der Tübinger Universitätsbibliothek ausgestellt sind.

Wir fahren auf der Hauptstraße 300 Meter nach rechts und finden dann links am Rand eines Wanderparkplatzes eine Sandstraße (Rad-Ww.). Nach zwei Kilometern biegt links ein Weg zum *Hohlenstein* und zur *Bärenhöhle* ab. Dort wurde eine 35000 Jahre alte Elfenbeinstatuette gefunden, die als eines der ältesten Kunstwerke der Menschheit gilt. Wir bleiben jedoch am rechten Talrand und stoßen nach weiteren 1,7 Kilometern auf eine Teerstraße, auf der wir nach links fahren. Nach 200 Metern biegen wir in die zweite Sandstraße zur Rechten ein (Rad-Ww.

Von Herbrechtingen in das Lonetal 5

Ulm, Setzingen), die uns weiterhin durch den Talgrund leitet. Nach 1,4 Kilometern bringt uns ein Brückchen über die Lone, und auf schmaler Teerstraße radeln wir bis zu einer Wegkreuzung vor einem Klärwerk. Links leitet uns eine schmale Straße durch das Geißentäle sanft zu einer Vorfahrtsstraße hinauf, auf der wir rechts in das nahe **Setzingen** fahren.

Im Ort biegen wir bei erster Gelegenheit rechts in die *Werrengasse* ein, die uns geradewegs zur Kirche führt. 50 Meter hinter der Kirche zweigen wir rechts auf die *Hausener Straße* ab, die bald nach links schwenkt und uns dann geradeaus aus dem Ort führt. 800 Meter nach dem Ort an der Weggabelung kurz vor der Hauptstraße links und geradewegs über die Straße in den Talgrund. Über die erste Kreuzung fahren wir gerade durch und treffen kurz darauf auf eine breite Teerstraße. Auf ihr rechts aufwärts unter der Autobahn hindurch bis vor ein Militärgelände.

Vor dem Eingangstor folgen wir einer Sandstraße nach links und halten uns am Ende des Zauns an einer Weggabelung rechts. Der Hauptweg leitet uns in das *Hungerbrunnental* hinab und geht geradewegs in ein Teersträßchen über. Wir fahren sanft aufwärts und biegen vor einem steilen Anstieg links in eine Sandstraße, die uns in das Tal zurückbringt. Im Talgrund zweigt rechts eine teils graswachsene Wegspur ab, die stets am rechten Rand durch das Hungerbrunnental führt. Nach 1,5 Kilometern treffen wir auf einen schmalen Teerweg, der uns zur nahen Hauptstraße leitet. Auf ihr radeln wir links durch das Hungerbrunnental, bis sie scharf nach links umbiegt. Wir biegen hier rechts ein, überqueren eine schmale Teer-

Auf dem Weg durch das Eselsburger Tal, das eines der bezauberndsten Landschaftsbilder der Ostalb bietet, überragen die Steinernen Jungfrauen die Straße.

5 Von Herbrechtingen in das Lonetal

straße und radeln auf einem Kiesweg durch das Tal zum nahen **Hungerbrunnen-Quelltopf.** Nur bei genügend Wasserzufuhr steigt der Karstwasserspiegel im Untergrund weit genug an, damit die meist trockene Quelle sprudelt, in der restlichen Zeit »hungert« sie.

Vom Quelltopf fahren wir wenige Meter zurück und biegen dann links in eine Sandstraße, die uns durch ein wunderschönes Tal sanft zu einer Straße hinaufführt. Auf ihr fahren wir links nach **Heldenfingen.** Im Ort folgen wir der vorfahrtsberechtigten *Heuchlingerstraße* nach links und biegen kurz nach der Kirche rechts in die *Mittlere Dorfstraße.* An der nächsten Kreuzung wechseln wir geradewegs auf die *Rüblinger Straße,* die uns aus dem Ort führt. In sanftem Auf und Ab radeln wir geradeaus bis zur Kreuzung am *Rüblinger Hof.* An dieser Stelle folgen wir dem Teersträßchen nach rechts (Ww. Ugenhofen, Anhausen). Es schwenkt bald links in den Talgrund und geht in eine breite Sandstraße über. Jetzt radeln wir auf dem Hauptweg immer geradeaus, bis wir **Anhausen** erreichen und durch den Ort steil in das *Brenztal* hinabfahren.

Im Talgrund folgen wir der Hauptstraße nach rechts und biegen nach 150 Metern links in die Straße nach *Herbrechtingen.* Nach wenigen Metern finden wir rechts eine Sandstraße (Rad-Ww. Bissingen, Ulm), die uns am rechten Rand des Brenztales bis in das von einer mittelalterlichen Burgruine überragte **Eselsburg** leitet. An der Kreuzung im Ort halten wir uns links (Ww. Herbrechtingen) und radeln geradewegs in das herrliche *Eselsburger Tal.* Kurz vor der Felsgruppe der Steinernen Jungfrauen erreichen wir die schon vom Hinweg bekannte Strecke, auf der wir zum Ausgangspunkt zurückkehren.

An den Hängen des Hungerbrunnentales mischen sich Wacholderheiden und alte Eichenbestände.

Radverleih
In Herbrechtingen.

Einkehrmöglichkeiten
In Hürben, Lontal, Setzingen, Heldenfingen, Anhausen, Eselsburg, Herbrechtingen.

Öffnungszeiten
• *Charlottenhöhle:* Apr. – Okt. werktags 8.30 – 11.30 und 13.30 – 16.30 Uhr, sonn- und feiertags 8.30 – 16.30 Uhr.

Auskunft
• Herbrechtingen: Stadtverwaltung, Tel. (07324) 9550.

Landkarten
LVA-Karten Blatt 16 »Aalen - Heidenheim« und Blatt 19 »Ulm - Blaubeuren«.

6 Das Donauried bei Günzburg

Günzburg – Reisensburg – Offingen – Gundelfingen – Brenz – Sontheim – Riedhausen – Günzburg

 Ausgangsort und Anfahrt
Der Bahnhof in Günzburg. Günzburg liegt drei Kilometer nördlich der gleichnamigen Ausfahrt von der A8 München-Stuttgart am Ufer der Donau. Bahnanschluß.

 Zielpunkt
Die Tour führt zum Ausgangspunkt zurück.

 Gesamttourenlänge
43 km.

 Zeitbedarf
3 1/2 Stunden.

 Etappen
Günzburg – Gundelfingen: 18 km; Gundelfingen – Brenz: 8,5 km; Brenz – Günzburg: 16,5 km.

 Steigungen
90 Höhenmeter. Nur zu Beginn einige kurze Anstiege, auf der restlichen Strecke flaches Gelände.

 Geländestruktur
Meist durch die flachen Donauniederungen; gute Bademöglichkeiten kurz vor Gundelfingen und Günzburg.

Sehenswertes
• *Günzburg:* Altstadt mit Unterem Tor, Schloß, Schloßkirche und Frauenkirche. • *Gundelfingen:* Altstadt mit Tor, Rathaus und Stadtkirche. • *Brenz:* Galluskirche und Schloß.

In **Günzburg** radeln wir gegenüber dem Bahnhof auf der zur Stadtmitte ausgeschilderten *Bahnhofstraße* aufwärts. Nach 250 Metern halten wir uns an der Kreuzung links und biegen nach weiteren 250 Metern rechts in die *Reisensburger Straße* ein. Wir radeln 1,5 Kilometer auf der Hauptstraße gerade durch, bis wir kurz nach dem Gasthaus zum Hasen links die *Georg-Lacher-Straße* finden, die auf die nahe Reisensburg zuläuft. Sie biegt am Fuße des Burghügels nach rechts und führt uns aufwärts zu einer kleinen Kirche, vor der die Zufahrt zur **Reisensburg** scharf nach links abzweigt. Die Burg wird schon im 7. Jahrhundert erwähnt. Der Bergfried reicht als ältester Bauteil bis in das 10. Jahrhundert zurück. Der Großteil der heute zu sehenden Reisensburg wurde im 14. Jahrhundert erbaut und im 17. Jahrhundert nach Zerstörungen durch die Schweden ergänzt.

Hinter der Kirche radeln wir geradewegs über die Kreuzung (ab hier bis an den Ortsrand von Gundelfingen Rad-Ww. Donau-Radwanderweg) und auf der *Johann-Sauter-Straße* aufwärts. Die Straße wird nach etwa 300 Metern fast flach, und wir biegen links in ein Sandsträßchen ein. An der Wegkreuzung am Waldrand folgen wir dem Hauptweg nach rechts. Nach 300 Metern halten wir uns bei einer Kreuzung am Waldrand links und radeln nun immer geradeaus über den Höhenrücken. Bald setzt eine geteerte Wagenspur ein, und wir erreichen nach einer kurzen Abfahrt eine Weggabelung. Hier folgen wir der Teerstraße nach rechts, die uns über einen Hügel nach **Offingen** leitet.

Im Dorf treffen wir auf eine Vorfahrtsstraße, auf der wir links zur Kirche im Ortszentrum fahren. Kurz nach der Kirche erreichen wir eine Kreuzung, an der wir rechts in die *Donaustraße* einbiegen. Wir folgen stets der Hauptstraße, bis wir wenige Meter vor der Donau auf eine Vorfahrtsstraße stoßen. Auf ihr links über den Fluß und nach 200 Metern links in eine Teerstraße. Nach kurzer Fahrt halten wir uns auf der breiteren Straße rechts, die uns bald über die Gleise führt.

60 Meter nach dem Bahnkörper biegen wir rechts in eine schmale Teerstraße ein, auf der wir immer geradeaus radeln. Nach

6 Das Donauried bei Günzburg

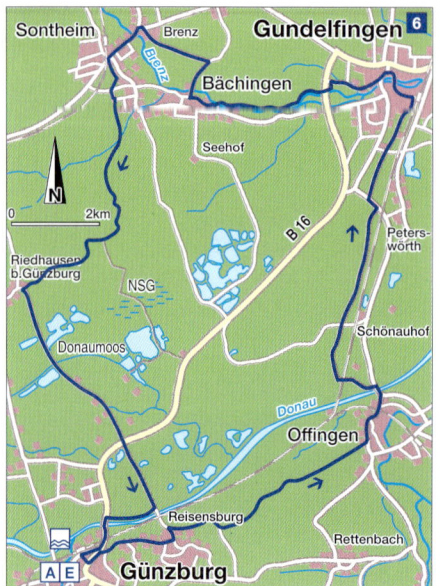

vier Kilometern stoßen wir kurz nach einem Badesee mit Einkehrmöglichkeit auf eine breite Hauptstraße, der wir nach links folgen. Nach 300 Metern biegen wir rechts auf eine schmale Teerstraße, die uns zu einer Kreuzung am Ortsrand von *Gundelfingen* führt.

Der Donau-Radwanderweg folgt der Hauptstraße nach rechts. Wir radeln jedoch geradeaus in das Gewerbegebiet, fahren an allen Weggabelungen, zum Schluß auf schmaler Straße, gerade durch. Nach einem Kilometer wechseln wir geradewegs auf eine vorfahrtsberechtigte Straße. Sie biegt vor dem Bahnhof von Gundelfingen nach links und führt uns in das Stadtzentrum. 100 Meter nach der Brenzbrücke biegen wir links ab und radeln durch das Tor aus dem 16. Jahrhundert in die Altstadt von **Gundelfingen.**
Kurz nach dem mit hübschem Türmchen geschmückten Rathaus von 1677 stoßen wir auf eine Vorfahrtsstraße, auf der wir uns links halten. Wir fahren an der Stadtkirche mit dem weit ausladenden Chor vorbei, die im 18. Jahrhundert barockisiert wurde. 150 Meter weiter folgen wir der B16 nach rechts und biegen nach wenigen Metern links in die Straße »*Obere Vorstadt*« ein. Nach 400 Metern knickt sie am Ortsrand als schmales Nebensträßchen nach rechts und leitet uns in die Äcker hinaus. 100 Meter bevor wir die Umgehungsstraße erreichen, biegen wir links auf ein Teersträßchen, das am nahen Ufer der Brenz nach rechts schwenkt. Jetzt radeln wir drei Kilometer am Ufer der *Brenz* entlang bis an den Ortsrand von **Bärchingen.**
Wir fahren auf einer breiten Brücke links über den Fluß und halten uns nach wenigen Metern rechts (Rad-Ww. Sontheim). Geradewegs durch den Ort bis zu einer Weggabelung, an der wir rechts in die *Kirchgasse* biegen. Nach der Kirche wechseln wir geradewegs auf die Hauptstraße und zweigen nach kurzer Fahrt rechts auf die nach *Obermedlingen* ausgeschilderte Straße ab. Nach etwa 900 Metern wechseln wir vor einem sanften Anstieg scharf links auf eine schmale Straße, die uns geradewegs nach **Brenz** bringt. An der ersten Vorfahrtsstraße im Ort halten wir uns links und erreichen nach 90 Metern eine weitere Kreuzung. Gegenüber liegt die Galluskirche. Sie steht an jener Stelle, an der schon im 7. Jahrhundert eine frühchristliche Holzkirche erbaut wurde. Die im 12. und 13. Jahrhundert errichtete Galluskirche war im 19. Jahrhundert einigen Änderungen unterworfen, läßt aber immer noch das ursprüngliche Bild erahnen. Hinter der Kirche liegt das *Güssen-Schlößchen.* Eine mittelalterliche Wasserburg wurde im 17. Jahrhundert zu dem Renaissance-Schloß umgebaut, in dem heute das interessante Heimatmuseum untergebracht ist.

Das Donauried bei Günzburg 6

Nahe der Altstadt von Gundelfingen überqueren wir die Brenz, deren Tal wir anschließend bis Sontheim folgen.

6 Das Donauried bei Günzburg

Bei Sontheim verläßt die Brenz die Schwäbische Alb und fließt durch eine weite Ebene träge und beschaulich der Donau entgegen.

Das Donauried bei Günzburg 6

Von der Kreuzung vor der Galluskirche fahren wir auf der Hauptstraße in das nahe **Sontheim**. Die Straße windet sich kurvig durch den Ort, und kurz vor dem Bahnübergang biegen wir links in eine Seitenstraße (Rad-Ww alle Richtungen). Nach 450 Metern finden wir rechts die *Friedhofstraße,* die uns zu einer sternförmigen Kreuzung am Ortsrand leitet. Wir nehmen die zweite Straße zur Linken (Rad-Ww. Günzburg), die uns durch die Felder nach einem Kilometer zu einer Querstraße leitet. Wir biegen rechts ein und folgen immer dem breitesten Sträßchen, das sich durch die Ebene in vielen Kurven bis zum **Gasthof Schwarzenwang** windet.

An der Kreuzung neben dem Gasthof radeln wir geradeaus und folgen der schmalen Teerstraße bis an den Ortsrand von **Riedhausen**.

An dieser Stelle biegen wir links in den *Unteren Moosweg* ein und fahren bis zum Donauufer stets geradeaus. Nach einem Kilometer geht an einem Kieswerk unser Weg in ein Sandsträßchen über, und wir passieren kurz nacheinander zwei kleine Badeseen. Bald ist die Straße wieder befestigt, und nach dem Landeplatz Günzburg überqueren wir geradewegs eine Hauptstraße.

Vor uns ragt die *Reisensburg* auf, auf die wir zufahren. Kurz vor der Donaubrücke biegen wir rechts in ein Sandsträßchen (Rad-Ww. Donau-Radwanderweg), das uns hinter einem Sportplatz an das Donauufer bringt. Nun radeln wir am Ufer entlang, bis nach 1,2 Kilometern der Weg wenige Meter vom Ufer wegführt.

Wir verlassen hier den Donau-Radwanderweg und radeln wenige Meter geradewegs zu einem breiten Sandweg, der uns links zur nahen Hauptstraße bringt. Auf ihr radeln wir links über die Donau und kurz darauf über die Bahnlinie zu einer Kreuzung.

Wir folgen rechts der Beschilderung zur Stadtmitte von Günzburg. An der nächsten Kreuzung können wir uns rechts halten und zum nahen Bahnhof zurückkehren oder geradeaus zur Altstadt von **Günzburg** hinaufradeln.

Schon in römischer Zeit lag hier eine Siedlung. Im 13. Jahrhundert erhielt Günzburg die Stadtrechte und im 14. Jahrhundert wurde es Hauptort der österreichischen Grafschaft Burgau, bei der es bis 1806 blieb. Zu dieser Zeit wurde die Oberstadt erbaut, deren planmäßige Anlage bis heute an den sich rechtwinklig schneidenden Straßenzügen zu erkennen ist. Im 15. Jahrhundert wurde Günzburg Residenzstadt. Im 16. Jahrhundert wurden das Markgräfliche Schloß und die Schloßkapelle erbaut. Als bedeutendster Rest der alten Stadtbefestigung blieb das Untere Tor erhalten. Nach einem Stadtbrand im Jahre 1735 wurde in der Nordostecke der Oberstadt die Frauenkirche nach Plänen von Domenikus Zimmermann wiederaufgebaut. Sie gilt als bedeutendstes Bauwerk der Stadt.

Radverleih
In Günzburg.

Einkehrmöglichkeiten
In Günzburg, Offingen, Gundelfingen, Bärchingen, Brenz, Sontheim und im Gasthof Schwarzenwang.

Öffnungszeiten
• *Museum im Schloß Brenz:* Mai – Okt. sonn-feiertags, 10 – 12 und 14 – 16 Uhr.

Auskunft
• Günzburg: Verkehrsamt, Tel. (08221) 36630.

Landkarten
ADFC-Radtourenkarte 1:150000, Blatt 25 »Bodensee – Schwäbische Alb«

7 Am Ursprung der Lone

Lonetopf – Urspring – Lonsee – Westerstetten – Neenstetten – Weidenstetten – Ettlenschieß – Lonetopf

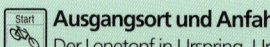 **Ausgangsort und Anfahrt**
Der Lonetopf in Urspring. Urspring liegt nördlich der Ausfahrt Ulm West von der A8 München-Stuttgart an der B10. Bahnanschluß.

 Zielpunkt
Die Tour führt zum Ausgangspunkt zurück.

 Gesamttourenlänge
36,5 km.

 Zeitbedarf
3 ½ Stunden.

 Etappen
Urspring – Westerstetten: 6,5 km; Westerstetten – Neenstetten: 16 km; Neenstetten – Urspring: 14 km.

 Steigungen
270 Höhenmeter, verteilt auf mehrere, großteils sanfte Anstiege.

 Geländestruktur
Zur Hälfte mühelos durch das Lonetal und zur Hälfte durch welliges Hügelland.

 Sehenswertes
• *Urspring:* Lonetopf.

Das Lonetal griff einst weit nach Nordwesten aus und wurde durch die tiefer gelegenen Nebenflüsse des Neckars, die größere Erosionskraft besaßen, angeschnitten. So ist das breite Tal der Lone zu erklären, die einstmals ein größeres Einzugsgebiet hatte und dadurch mehr Wasser führte. Heute plätschert nur noch ein schmales Flüßchen durch das Tal. Der Kampf der Flüsse setzt sich auch im verkarsteten Untergrund fort. Mehr und mehr fließt dort das Wasser Richtung Nordwesten ab, und die Quelle der Lone verlagert sich immer weiter talab. Heute entspringt der Fluß im Lonetopf, einer starken Karstquelle in Urspring. Der Ort geht auf das römische Kastell »Ad Lunam« zurück, das zur Sicherung des Limes angelegt wurde.

Vom **Lonetopf** radeln wir links am Flüßchen entlang zu einer Kreuzung neben der Kirche von **Urspring.** Wir biegen rechts in die *Kirchstraße* ein, die uns geradewegs aus dem Ort führt. Nach einem Kilometer überqueren wir die Lone und treffen kurz darauf auf die Hauptstraße, die uns links durch **Lonsee** führt. Bei den letzten Häusern biegen wir rechts in den *Mühlweg* und gleich wieder links in eine schmale Teerstraße. Vorbei am Sportgelände und einem kleinen See radeln wir immer gerade durch, bis wir in **Halzhausen** auf eine Vorfahrtsstraße stoßen.

Wir folgen ihr nach links, bis wir wenige Meter vor der Bahnunterführung rechts in eine schmale Teerstraße einbiegen. Sie geht bald in einen Sandweg über, und nach 300 Metern fahren wir rechts über die Lone zum Klärwerk hinüber. Hinter der Kläranlage biegen wir links ein und radeln geradewegs durch das Tal. Nach 700 Metern erreichen wir eine Weggabelung am Waldrand, von der wir noch kurz rechts aufwärts fahren und dann linkshaltend zur nahen Landstraße hinab. Wir radeln auf der Straße rechts nach **Westerstetten** und folgen der Hauptstraße durch den Ort.

Am Ortsende biegen wir links in die Straße »*Untere Mühle*« ein (Rad-Ww. 7) und verlassen geradewegs den Ort. Nach 500 Metern knickt das Sträßchen nach links und leitet uns über die Lone. Nach dem Flußbett biegt der Weg nach rechts und leitet uns am linken Rand des Lonetales entlang. Nach zwei Kilometern radeln wir kurz vor **Breitingen** in einer Unter-

Am Ursprung der Lone 7

führung unter der Landstraße hindurch, halten uns nach wenigen Metern an der Kreuzung rechts und biegen nach der Brücke links ein. Eine schmale Teerstraße bringt uns nach kurzer Strecke zu einigen Häusern. Wir fahren geradeaus und wechseln kurz darauf geradewegs auf ein Sandsträßchen, das uns am rechten Rand des Lonetales nach Osten leitet.

Kurz bevor wir auf eine Teerstraße treffen, steigt der Weg leicht an. Wir biegen links in einen Sandweg und erreichen nach kurzer Fahrt die Straße, auf der wir nach links fahren. Wenige Meter nach der Brücke biegen wir rechts auf ein Sträßchen, das leicht aufwärts führt. An der Weggabelung halten wir uns rechts und radeln nun am linken Talrand entlang, bis wir auf ein geteertes Teersträßchen treffen. Auf ihm kurz nach rechts und nach wenigen Metern am Fuße des Salzbühlfelsens links auf die Sandstraße einbiegen (Ww. Fohlenhaus). Wir folgen dem in engen Schleifen verlaufenden Lonetal. Nach zwei Kilometern leuchtet neben dem Weg das helle Kalksteinmassiv des **Fohlenhauses** mit seinen beiden markanten Grotten auf. Wie in der Haldensteinhöhle über Ursprung und in der nahen Salzbühlhöhle stieß man auch hier auf die Spuren von eiszeitlichen Tieren und Steinzeitjägern.

Am Fohlenhaus beginnt ein sanfter, 700 Meter langer Anstieg, der uns zu einer Forstwegkreuzung bringt. Hier biegen wir in die links abwärts führende Straße ein, überqueren nach einigen hundert Metern in gleichbleibender Richtung eine breite Forststraße und lassen die Räder in das Lonetal hinabrollen. Wir wechseln im Talgrund geradewegs auf eine schmale Teerstraße, die uns nach kurzer Fahrt links über die Lone führt. Hinter der Brücke biegen wir links auf ein Sandsträßchen ein und folgen nach wenigen Metern an der Weggabelung geradeaus dem besseren, sanft ansteigenden Weg. Ohne große Anstrengungen führt uns das Sandsträßchen durch das dicht bewaldete, unter Naturschutz stehende Eschental etwa 2,5 Kilometer aufwärts, bis wir eine Weggabelung erreichen. Wir nehmen das linke, auf

7 Am Ursprung der Lone

In der hügeligen Landschaft nördlich des Lonetales lädt das vom barocken Kirchturm überragte Dorf Weidenstetten zu einer verdienten Rast ein.

kurzer Strecke steil ansteigende Betonsträßchen. Es endet am Rand der Hochfläche an einem Quersträßchen. Auf ihm radeln wir kurz nach links und schwenken dann rechts ein. Eine schmale Teerstraße leitet uns jetzt durch die Äcker auf **Neenstetten** zu.

Wir radeln geradewegs durch den kleinen Ort und treffen am weiten Dorfplatz auf die Hauptstraße. Auf ihr fahren wir weni-

Am Ursprung der Lone 7

ge Meter nach rechts und biegen dann links in die *Silcherstraße* ein. An der nächsten Kreuzung finden wir leicht nach rechts versetzt die Fortsetzung der Silcherstraße, die uns zu einer Weggabelung am Ortsrand leitet.

Wir halten uns links und biegen kurz nach dem Ortsendeschild rechts ab (Ww. Weidenstetten). Auf der schmalen Teerstraße radeln wir immer geradeaus, bis wir in **Weidenstetten** auf die Hauptstraße stoßen. Wir folgen ihr nach rechts und biegen unmittelbar vor der Kirche links ab. Der *Dorfplatz* geht geradewegs in die *Geislinger Straße* über, der wir ungefähr 300 Meter folgen. Danach leitet uns rechts die *Ölgasse* aus dem Dorf.

Wir überqueren die Landstraße und folgen einer wenig befahrenen Teerstraße auf den bewaldeten Höhenrücken. Nach einem Kilometer fällt die Straße ab und bringt uns zu einer Weggabelung. Wir radeln auf dem linken Teersträßchen am Wanderparkplatz vorbei und folgen ihm, bis es nach links umknickt. Wir wechseln geradewegs auf eine Sandstraße, die uns durch Wiesen in den Wald leitet. Am Ende des Waldes an der Kreuzung nach links und geradeaus über die nächste Kreuzung. Die Forststraße führt uns in zwei weiten Kurven sanft aufwärts durch den Wald.

Am höchsten Punkt finden wir rechts einen Forstweg, der uns zum nahen Waldrand führt. Am Rand der Wiese radeln wir auf schlechtem Weg nach links und biegen nach wenigen Metern rechts in einen groben Schotterweg ein. Der Weg geht bald am Rand eines Wäldchens in eine schmale Teerstraße über, die geradewegs über eine aussichtsreiche Hügelkuppe führt.

Etwa 500 Meter nach dem Wäldchen knickt die Teerstraße nach links und nach kurzer Fahrt vor einem Schuppen wieder nach rechts. An der folgenden Wegkreuzung halten wir uns links und radeln durch eine Lindenallee bis zur Hauptstraße. Auf ihr fahren wir rechts durch **Ettlenschieß**.

40 Meter nach dem Straßenabzweig nach Lonsee biegen wir links in das nächste Seitensträßchen ein. Nach 150 Metern schwenkt das Teersträßchen nach rechts und läuft geradeaus durch das wellige Ackerland. Kurz nachdem die Straße in einen Sandweg übergeht, trifft sie auf einen Querweg am Waldrand. Wir halten uns links und folgen dem Hauptweg, bis wir nach einem Wiesensattel eine Wegkreuzung am Waldrand erreichen. Wir radeln rechts in den Wald. Der Forstweg geht bald in einen Teerweg über, der uns zu einer Straßenkreuzung leitet. Rechts bringt uns eine steile Abfahrt durch Wacholderheiden in das Tal hinab. Dort halten wir uns an der Wegkreuzung links und folgen einem Teersträßchen, das bald oberhalb der B 10 verläuft und uns geradewegs bis zum Bahnhof von **Urspring** führt.

Kurz nach dem Bahnhof helfen uns links eine Treppe und die anschließende Unterführung unter den Gleisen hindurch. Danach lassen wir die Räder zur nahen Kirche von Urspring hinabrollen. Dort radeln wir geradewegs über die Kreuzung und entlang der Lone zum nahen **Lonetopf**.

Einkehrmöglichkeiten
In Urspring, Lonsee, Halzhausen, Westerstetten, Breitingen, Neenstetten und Weidenstetten.

Landkarten
LVA-Wanderkarte Blatt 19 »Ulm – Blaubeuren«.

8 Täler und Höhen bei Blaubeuren

Blaubeuren – Arnegg – Herrlingen – Lautern – Bühlenhausen – Blaubeuren

 Ausgangsort und Anfahrt
Der Blautopf in Blaubeuren. Blaubeuren liegt westlich von Ulm an der B492. Bahnanschluß.

 Zielpunkt
Die Tour führt zum Ausgangspunkt zurück.

 Gesamttourenlänge
41 km.

 Zeitbedarf
3 ½ Stunden.

 Etappen
Blaubeuren – Lautern: 16 km; Lautern – Bühlenhausen: 13 km; Bühlenhausen – Blaubeuren: 12 km.

 Steigungen
250 Höhenmeter, die großteils auf dem langen, aber sanften Anstieg im Lautertal anfallen.

 Geländestruktur
Im Achtal ebenes Fahrradgelände und im Tal der Großen Lauter ein langer, aber stets sanfter Anstieg. Auf dem Rückweg in sanftem Auf und Ab über die Hochebene mit einer steilen Schlußabfahrt nach Blaubeuren.

 Sehenswertes
• *Blaubeuren:* Altstadt, Kloster und Blautopf.
• *Lautern:* Kirche und Lauterursprung.

Bis vor 200000 Jahren floß die Donau durch die Talschlinge, in der heute Blaubeuren liegt. Erst in der Eiszeit fand der Strom jenes Tal südlich der Albfläche, durch das er heute von Ehingen nach Ulm fließt. Die Karstquellen, die einstmals ihr Wasser in die Donau ergossen, wurden zum Ursprung kleiner Flüsse.
Die schönste und wasserreichste dieser Quellen ist der sagenumwobene Blautopf, der den Dichter Eduard Mörike zu seiner Geschichte von der »Schönen Lau« inspirierte.

Die Geschichte der Stadt **Blaubeuren** begann im Jahre 1085 mit der Gründung des Benediktinerklosters. Im 13. Jahrhundert erhielt die Klostersiedlung die Stadtrechte. Neben dem Fachwerk-Rathaus aus dem 15. Jahrhundert und zahlreichen alten Bürgerhäusern verdient die Stadtkirche dank eines sehenswerten gotischen Altars der »Ulmer Schule« besondere Beachtung. In der Nähe beherbergt das ehemalige Heilig-Geist-Spital das urgeschichtliche Museum. Es zeigt beeindruckende Funde aus den Höhlen rund um Blaubeuren, wo schon Neandertaler und frühe Steinzeitmenschen lebten. Hauptanziehungspunkt in Blaubeuren ist neben dem Blautopf das ehemalige Kloster mit seinen perfekt renovierten Fachwerkgebäuden, die um 1500 erbaut wurden. Der spätgotische Altar in der Klosterkirche gilt als herausragendes Werk der »Ulmer Schule«.

Vor dem **Blautopf** radeln wir nach rechts (bis Arnegg Rad-Ww. Donau-Radwanderweg) und vor einer ehemaligen Mühle rechts zur *Blau* hinab. Nach kurzer Fahrt hilft uns ein Steg rechts über den Fluß. Wir folgen der Teerstraße nach links. Die Straße knickt nach rechts und führt uns an den Fuß eines Hügels. An dieser Stelle biegen wir links in einen Teerweg, der uns geradewegs durch das malerische Tal der Blau bis nach **Gerhausen** bringt. Im Ort treffen wir auf die B28, folgen ihr nach links und biegen nach wenigen Metern rechts in die Straße »*Unter dem Schillerstein*« ein.
Wir treffen auf eine Vorfahrtsstraße, radeln auf ihr kurz nach links und halten uns bei erster Möglichkeit wieder rechts. Nach 200 Metern fahren wir links zu einer breiten Straße hinab und auf ihr rechts aus dem Ort. Bevor die Straße über die

Täler und Höhen bei Blaubeuren 8

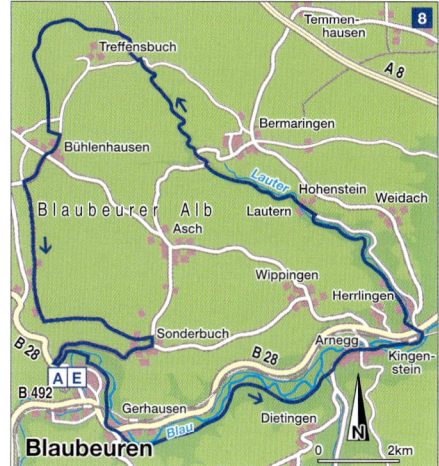

Blau führt, biegen wir rechts in eine schmale Teerstraße. Nach 700 Metern nehmen wir an der Gabelung die rechte Straße und halten uns nach einer Materialseilbahn links. Jetzt radeln wir immer am rechten Talrand entlang, bis wir die ersten Häuser von **Arnegg** erreichen.
Wir fahren geradewegs zu einer Vorfahrtsstraße und auf ihr links in den Ort. An der Kreuzung nach der Kirche geradeaus und nach 150 Metern links in ein Teersträßchen (ab hier Rad-Ww. Tour 6 und 8). Ein Kiesweg bringt uns durch die Wiesen an das Ufer der Blau. Am Ortsrand von Blaustein hilft uns eine schmale Brücke links über den Fluß, und kurz darauf überqueren wir die Bahnlinie. Wir finden links einen schmalen Weg, der uns entlang des Flüßchens zur nahen Straßenkreuzung in **Herrlingen** bringt.
Wir fahren geradewegs über die B492 in die *Bergstraße* und biegen nach 200 Metern links in die *Oberherrlinger Straße*. Wir folgen ihr und zweigen, bevor sie stärker ansteigt, rechts auf den *Lautertalweg* ab. An seinem Ende setzt links ein unbefestigtes Sträßchen an, das uns am linken Rand des Lautertales entlangführt. Nach 3,3 Kilometern radeln wir an einem Hof rechts zur Hauptstraße und auf ihr links zur Kirche von **Lautern.** Malerisch, in das enge Tal eingebettet, liegt das romanische Gotteshaus. Der schöne spätgotische Hochaltar wird der »Ulmer Schule« zugerechnet, und an den Wänden wurden einige mittelalterliche Fresken aufgedeckt. Bemerkenswert sind zudem die barocken Malereien, die die Emporenbrüstung zieren. Von der Kirche folgen wir noch kurz dem Teersträßchen talein. Rechts verbirgt sich hinter ehemaligen Mühlgebäuden der Lauterursprung, eine starke Karstquelle, die am Fuße einer grauen Felswand emporsprudelt.
100 Meter nach den letzten Gebäuden von Lautern biegen wir links auf einen Forstweg, der uns im engen Talgrund aufwärts führt. Nach drei Kilometern fahren wir kurz nach einer Straßenbrücke an einer Weggabelung gerade durch (Rad-Ww. Tour 6 und 8) und folgen weiterhin dem sanft ansteigenden Talgrund. Nach weiteren vier Kilometern treffen wir auf eine Teerstraße, auf der die ausgeschilderten Radwege links aufwärts führen. Wir fahren jedoch wenige Meter nach rechts und biegen dann links in einen Forstweg ein (Ww. Hübscher Stein). Wir bleiben im Talgrund und erreichen nach einem Kilometer den »**Hübschen Stein**«, einen mittelalterlichen Grenzstein.
Wir nehmen hier den linken der drei Wege (Ww. Laichingen). Nach 1,4 Kilometern gabelt sich das Tal ein weiteres Mal, und wir radeln im linken Ast aufwärts (Ww. Blaubeuren, Laichingen). Wir erreichen nach 400 Metern eine Wegkreuzung, an der wir halb links (nicht scharf links auf die Teerstraße) ein Seitental hinauffahren (Ww. Bühlenhausen, Blaubeuren). Der Weg steigt lediglich zu Beginn etwas stärker an, geht bald in ein befestigtes Sträß-

8 Täler und Höhen bei Blaubeuren

chen über und läuft geradeaus über die Hochfläche. Kurz vor Bühlenhausen überqueren wir die Kreisstraße und radeln an der folgenden Weggabelung links bis zur Hauptstraße. Auf ihr fahren wir rechts geradewegs durch **Bühlenhausen**.

Am Ortsende auf der Vorfahrtsstraße wenige Meter nach rechts und vor dem »Gasthof Krone« wieder nach links auf eine Nebenstraße. Nach einem Kilometer biegen wir in das zweite Sträßchen, das links abgeht. Wir folgen geradewegs der Teerstraße, bis wir nach 3,5 Kilometern kurz nach den letzten Gebäuden der **Hessenhöfe** eine Kreuzung erreichen. An dieser Stelle biegen wir links ab (Ww. Sonderbuch).

Auf der Straße radeln wir in einigem Auf und Ab nach **Sonderbuch**.

Im Ort biegen wir rechts in die *Lauchgasse* ein (Rad-Ww. Weg 5) und stoßen nach kurzer Fahrt auf die Hauptstraße, auf der wir nach rechts fahren. Am Ortsrand beginnt die steile Abfahrt, die uns nach **Blaubeuren** hinabbringt. Bei den ersten Häusern biegen wir scharf links auf eine Straße, die uns geradewegs zum Blautopf zurückführt.

Radverleih
In Blaubeuren.

Einkehrmöglichkeiten
In Gerhausen, Arnegg, Herrlingen, Lautern, Bühlenhausen, Sonderbuch und Blaubeuren.

Öffnungszeiten
• *Blaubeuren:* Urgeschichtliches Museum, 1.4.–1.10. Di–So 10–17 Uhr, 1.11.–31.3. So 10–17 Uhr.

Auskunft
• Blaubeuren: Fremdenverkehrsbüro, Tel. (07344) 921025 oder Stadtverwaltung, Tel. (07344) 966931.

Landkarten
LVA-Wanderkarte Blatt 19 »Ulm–Blaubeuren«

Die Kirche des beschaulichen Weilers Lautern besitzt einen sehenswerten spätgotischen Hochaltar, der der »Ulmer Schule« zugerechnet wird.

9 Von Schelklingen zur Sontheimer Höhle

Schelklingen – Hohler Fels – Sontheimer Höhle – Justingen – Urspring – Schelklingen

 Ausgangsort und Anfahrt
Der Bahnhof in Schelklingen. Schelklingen liegt fünf Kilometer westlich von Blaubeuren an der B492. Bahnanschluß.

 Zielpunkt
Die Tour führt zum Ausgangspunkt zurück.

 Gesamttourenlänge
39 km.

 Zeitbedarf
3 ½ Stunden.

 Etappen
Schelklingen – Sontheimer Höhle: 16 km; Sontheimer Höhle – Justingen: 13 km; Justingen – Schelklingen: 10 km.

 Steigungen
360 Höhenmeter, verteilt auf einen langen, meist sanften Anstieg vom Achtal zur Sontheimer Höhle und einige kurze Berge auf der Albhochfläche.

 Geländestruktur
In einigem Auf und Ab durch das Hügelland nördlich von Schelklingen.

 Sehenswertes
• *Sontheimer Höhle.* • *Urspring:* Ehemaliges Kloster und Karstquellen. • *Schelklingen:* Altstadt.

Am Fuße der Burgruine *Hohenschelklingen* liegt im Urdonautal, das heute von der Ach durchflossen wird, die Stadt Schelklingen.
In der kleinen Altstadt findet man in der Marktstraße das Heimatmuseum, in dem auch Funde aus der Altsteinzeit ausgestellt sind (geöffnet Di und Mi). In der Nähe des Bahnhofes steht die Friedhofskapelle St. Afra, in der Fresken aus dem 12. Jahrhundert aufgedeckt wurden (Mi geschlossen).

Vor dem Bahnhof von **Schelklingen** fahren wir auf der B492 nach rechts und biegen nach 150 Metern rechts in eine Seitenstraße (bis Weiler Rad-Ww. Donau-Radwanderweg), die am rechten Rand des Achtales am Freibad vorbei geradewegs zum **Hohlen Fels** führt. In der Höhle am Fuße des Felsens entdeckte man neben den Knochen eiszeitlicher Tiere auch Besiedlungsspuren aus der Altsteinzeit. Unter einem Felsüberhang an der Westseite befand sich ein Rastplatz, den die Jäger der Mittleren Steinzeit nutzten. Wir bleiben weiterhin auf der schmalen Teerstraße und treffen 700 Meter nach der Höhle auf eine Querstraße. Wir fahren links und biegen nach 300 Metern rechts ein. Nach zwei Kilometern ragt rechts des Weges die Felsburg des Bruckfels auf. Auf halber Höhe öffnet sich die Höhle des *Geißenklösterles,* die zu den wichtigsten Fundplätzen der Eiszeitjäger zählt. Man stieß hier auf rund 30000 Jahre alte Elfenbeinschnitzereien und auf einen vor etwa 37000 Jahren bemalten Stein, der als älteste in Europa entdeckte Malerei gilt.
An der Kreuzung unterhalb des Bruckfelsens fahren wir links über die Ach und dann rechts bis zur B492. Gegenüber biegen wir am Ortsrand von **Weiler** scharf

9 Von Schelklingen zur Sontheimer Höhle

Neben dem gleichnamigen Quelltopf wurde das Kloster Urspring erbaut, das heute eine Schule beherbergt.

links (Rad-Ww. R5) auf eine Straße, die entlang der Bundesstraße zu einem Wanderparkplatz läuft. Rechts öffnet sich das Tiefental, in das uns eine Sandstraße hineinführt. Wir folgen nun immer dem Weg, der im Talgrund des Haupttales sanft nach oben läuft und zur Sontheimer Höhle ausgeschildert ist. Nach fünf Kilometern biegt links ein Weg in das *Erbistal* ab. Wir radeln aber geradeaus und bleiben weiterhin im Haupttal. Nach 400 Metern fahren wir neben einem Felsturm wieder geradeaus und nicht rechts in ein Seitental. Nach weiteren 400 Metern halten wir uns an einer Weggabelung rechts (Rad-Ww. Tour 6 und Ww. Sontheimer Höhle). Der Weg steigt im gewundenen Talgrund teilweise stärker an. Nach drei Kilometern zweigt rechts der Steig zur Sontheimer Höhle ab, der steil nach oben führt. Wir folgen noch der Forststraße im Talgrund und biegen nach 650 Metern rechts auf den ersten, grün bewachsenen Weg ab. Wir schieben das Rad 300 Meter den nicht allzu steilen Weg aufwärts und treffen auf eine Teerstraße, auf der wir rechts zur nahen Gaststätte und der dahinter verborgenen **Sontheimer Höhle** radeln. Sie entstand vor rund 12 Millionen Jahren und fiel trocken, als sich das Tiefental während der Eiszeit nahe der Höhle eingrub. Durch einen mächtigen Torbogen betritt man die etwa 200 Meter lange Schauhöhle mit den vielgestaltigen Tropfsteinbildungen. In der Höhle fand man 1600 Jahre alte Alemannengräber.
Von der Höhle radeln wir auf die linke, untere Teerstraße und erreichen nach 750 Metern eine Kreuzung. Wir radeln links zur Hauptstraße und auf ihr links hinab. An der ersten Gabelung steil links abwärts und im Talgrund erneut links (Rad-Ww. Tour 6). Hinter der Kläranlage fahren wir rechts aufwärts und nach 50 Metern halten wir uns links. Jetzt unterhalb **Sont-**

Von Schelklingen zur Sontheimer Höhle 9

heim durch schöne Wiesen sanft zu einer Kreuzung hinauf, auf der Teerstraße kurz nach rechts und bei nächster Gelegenheit links auf eine schmale Straße. Wir radeln über eine Hügelkuppe auf *Ennabeuren* zu und zweigen nach 700 Metern dort, wo sich die Straße nach rechts wendet, links auf einen Feldweg ab. In sanftem Auf und Ab 2,3 Kilometer geradeaus, bis wir eine sternförmige Wegkreuzung am Waldrand erreichen. Wir biegen rechts in den Weg, der am Wald entlangläuft. An der nächsten Kreuzung fahren wir links in den Wald, halten uns an den zwei folgenden Weggabelungen rechts und stoßen auf die Landstraße. Auf ihr links durch das Tal und nach 500 Metern rechts in eine schmale Teerstraße, die am Waldrand sanft aufwärts führt. Wir radeln geradewegs durch den Hang des Hasenburren, dessen Gipfel eine Kapelle schmückt, und biegen nach einem Kilometer links in einen Betonweg ein. Am Rand von *Ingstetten* treffen wir auf die Hauptstraße, auf der wir rechts durch den Ort fahren.

Vor den letzten Häusern schwenkt die Hauptstraße nach links, und wir wechseln geradewegs auf das zum *Sportgelände* ausgeschilderte Sträßchen. An einer Kreuzung vor einer alten Linde halten wir uns links und radeln geradewegs nach **Justingen** hinein. Im Dorf stoßen wir auf eine Vorfahrtsstraße, auf der wir links in das Zentrum fahren. 100 Meter nach der Kirche schwenken wir rechts auf die Hauptstraße. Wir folgen der Straße, bis nach 2,5 Kilometern am Beginn des letzten Anstiegs in das nahe *Hausen* rechts ein Wanderparkplatz liegt. Wir nehmen die linke der drei hier ansetzenden Schotterstraßen und radeln über Äcker geradeaus in den Wald.

Nach etwa einem Kilometer wechseln wir geradewegs auf eine breite Forststraße und folgen nach wenigen Metern an der Weggabelung der links abwärtsführenden Sandstraße. Wir bleiben immer auf dem Hauptweg, der nach einer scharfen Kehre sanft abwärts den Hang quert. Nach 2,2 Kilometern biegen wir an einer Wegkreuzung am Rand einer Wiese links ein und lassen die Räder in das Tal hinabrollen. Dort stoßen wir auf ein Teersträßchen, auf dem wir nach links radeln. Nach 900 Metern fahren wir am **Achursprung** vorbei, einer Karstquelle, die rechts der Straße auf einem Privatgrundstück liegt. Bald erreichen wir das Gelände des ehemaligen Klosters **Urspring,** das heute als Schule genutzt wird. Links liegt die geheimnisvoll schimmernde Urspringquelle, deren unterirdisches Einzugsgebiet bis Münsingen reicht. Kurz nach der hübschen Barockkirche radeln wir rechtshaltend nach **Schelklingen.** Bei den ersten Häusern treffen wir am Fuße des Burgberges auf eine Vorfahrtsstraße, der wir nach rechts folgen. Sie führt im Bogen um die Altstadt von Schelklingen und trifft vor dem Bahnhof auf die B492.

Einkehrmöglichkeiten
An der Sontheimer Höhle (nur an Wochenenden und feiertags), in Ingstetten, Justingen und Schelklingen.

Öffnungszeiten
• *Sontheimer Höhle*: 1. Mai – 1. Nov, Sa 14 – 18 Uhr, sonn- und feiertags 9 – 18 Uhr.

Auskunft
Schelklingen: Bürgermeisteramt, Tel. (07394) 2480.

Landkarten
LVA Wanderkarte Blatt 18 »Reutlingen – Urach« und Blatt 19 »Ulm – Blaubeuren«.

10 Rund um Laichingen

Laichinger Tiefenhöhle – Laichingen – Nellingen – Machtolsheim – Laichinger Tiefenhöhle

 Ausgangsort und Anfahrt
Der Parkplatz an der Tiefenhöhle am südlichen Ortsrand von Laichingen. Laichingen ist zu erreichen über die Ausfahrt Merklingen von der A8 München/Stuttgart.

 Zielpunkt
Die Tour führt zum Ausgangspunkt zurück.

 Gesamttourenlänge
39,5 km.

 Zeitbedarf
3 ½ Stunden.

 Etappen
Laichinger Tiefenhöhle – Nellingen: 18,5 km; Nellingen – Machtolsheim: 15,5 km; Machtolsheim – Laichinger Tiefenhöhle: 5,5 km.

 Steigungen
380 Höhenmeter verteilt auf eine Anzahl kurzer Anstiege.

 Geländestruktur
In meist sanftem Auf und Ab über die wellige Albhochfläche.

Sehenswertes
• *Laichingen:* Wehrkirche St. Alban und Tiefenhöhle.

Auf der sanftgewellten Hochfläche der Mittleren Alb liegt die Stadt Laichingen. Sie wurde am Rand eines Maarsees, der einen der Schlote des »Schwäbischen Vulkanes« ausfüllte, gegründet. Im Jahre 1364 erhielt Laichingen die Stadtrechte und die hier beheimateten Leinenweber kamen in Zusammenarbeit mit den Ulmer Kaufleuten zu bescheidenem Wohlstand. Das interessanteste Bauwerk in Laichingen ist die Wehrkirche St. Alban, die die größte auf der Schwäbischen Alb sein soll. Im 16. Jahrhundert wurde sie mit einem Wehrgang umgeben und unter Einbeziehung malerischer Fachwerkhäuser zu einer Kirchenburg ausgebaut. Im Heiligenhaus der Kirchenfestung ist das Heimat- und Leinenwebermuseum untergebracht.

Vom Parkplatz an der **Laichinger Tiefenhöhle** radeln wir auf der Zufahrtsstraße zurück zur Hauptstraße und auf ihr rechts nach **Laichingen** hinein. Im Ort biegt die Hauptstraße nach rechts und führt in das Zentrum hinab. Wir fahren hier geradewegs in die *Schallen-Gasse* und hinab zur Kreuzung in der Ortsmitte. Geradeaus führt uns die nach Wiesensteig ausgeschilderte Straße zur Wehrkirche von Laichingen. An der Kreuzung kurz nach der Kirche wechseln wir geradeaus auf eine Nebenstraße, auf der wir den Ort verlassen.

500 Meter nach den letzten Häusern schwenkt das Teersträßchen nach links (ab hier Rad-Ww. Tour 1) und leitet uns aufwärts in das Wassertal. Wir fahren stets geradewegs durch das Tal, bis wir eine sternförmige Wegkreuzung neben einer Baumgruppe erreichen. Wir schwenken halbrechts auf das Sträßchen, das

Rund um Laichingen 10

Ohne große Mühen radeln wir nördlich von Laichingen abseits des Verkehrs auf schmalen Wegen über die sanftgewellte Albhochfläche.

nach 500 Metern unter der Autobahn hindurchführt und uns dann geradewegs zu einer Hauptstraße leitet. Auf ihr kurz nach links und nach dem Bauernhof rechts auf eine schmale Teerstraße. Wir folgen einen Kilometer dem vorübergehend etwas holprigen Weg und lassen dann an einer Weggabelung die Räder rechts zur Hauptstraße rollen.
Gegenüber biegen wir in die linke der beiden schmalen Teerstraßen und radeln einen Kilometer geradeaus. An einer Wegkreuzung neben einem Feldkreuz halten wir uns rechts. An der folgenden Weggabelung zeigen die Radwegweiser links zu den Bauernhöfen. Hier nehmen wir das rechte Sträßchen und wechseln nach einem Kilometer geradewegs auf eine Sandstraße, die an einer alleinstehenden Linde vorbeiführt. Wir radeln über eine bewaldete Kuppe in ein Ackertal. Am Waldrand wechseln wir geradewegs auf eine breitere Forststraße und nach 300 Metern auf eine schmale Teerstraße. Jetzt folgen wir geradeaus der »Zigeunerhochsträß«, die uns nach vier Kilometern an den Ortsrand von **Nellingen** bringt. Wir radeln hier geradeaus über die Haupt-

10 Rund um Laichingen

straße in die **Römerstraße** und biegen nach 400 Metern rechts in die **Schulstraße.** Vor dem Bürgerhaus kurz nach rechts zur Hauptstraße und auf ihr nach links. Bei nächster Gelegenheit rechts in die **Steinbosstraße** (Rad-Ww. Tour 1 und 5) und nach kurzer Fahrt links in den **Meierweg.** Am Ortsrand überqueren wir die Hauptstraße und radeln auf einem parallel verlaufenden Sträßchen nach rechts. Nach 300 Metern biegen wir links ab auf eine Teerstraße, die uns geradeaus zur Autobahn führt. Kurz nach der Brücke über die A8 wechseln wir geradewegs auf einen Kiesweg, der uns aufwärts zur Landstraße bringt. Man kann gegenüber gleich auf einem recht rauhen Weg in das Tal hinabfahren (Ww. Blaubeuren), durch das unser Weiterweg läuft.

Wir folgen jedoch der Landstraße nach links, die über einen Hügel in ein Tal führt. Dort biegen wir am Ende eines Parkplatzes rechts in einen Forstweg und fahren auf ihm abwärts, bis sich rechts ein Wiesental öffnet. Wir biegen rechts auf die gute Sandstraße ein, die dem Talgrund folgt. An einer Kreuzung unterhalb wacholderbewachsener Hänge kommt von rechts der erwähnte Weg. Wir radeln weiterhin geradeaus durch das Tal und biegen nach 650 Metern scharf links auf eine breite, sanft ansteigende Forststraße ab. Nach einem Kilometer nehmen wir an einer Weggabelung kurz vor einer Waldweide den linken, leicht abwärts laufenden Weg. An den nächsten Wegkreuzungen fahren wir immer gerade durch auf dem Hauptweg, der in sanftem Auf und Ab durch den Wald läuft. Kurz nach einer Waldweide zur Linken radeln wir geradewegs über eine Forstwegkreuzung wieder leicht abwärts. 150 Meter nach dem tiefsten Punkt folgen wir dem scharf nach links umknickenden, flachen Hauptweg und radeln bis zum Waldrand. Wir wechseln geradewegs auf eine Teerstraße, die uns an den Ortsrand von **Machtolsheim** führt, und folgen der Hauptstraße rechts in den Ort.

Sie knickt nach links und leitet uns bergab zu einer Kreuzung, an der wir links in die **Hasengasse** einbiegen. Am Ortsrand finden wir rechts die **Tulpengasse,** die uns zum aussichtsreichen Wasserturm leitet, von dem man an klaren Tagen bis zu den Alpen blicken kann. An der Kreuzung neben dem Turm fahren wir links (Ww. Supplingen). Die Straße leitet uns über einen bewaldeten Hügel in ein Tal. 100 Meter nach dem tiefsten Punkt biegen wir rechts auf eine schmale Straße (Rad-Ww. Tour 1, 4 und 6). Wir radeln zwei Kilometer geradeaus, bis wir am Ortsrand von Laichingen wenige Meter vor einer Unterführung links auf ein Teersträßchen einbiegen (Ww. Tiefenhöhle). Es steigt kurz steil an und führt uns geradewegs zur **Tiefenhöhle** und dem nahen Parkplatz. Zum Abschluß können wir der Höhle einen Besuch abstatten. Sie ist die einzige als Schauhöhle ausgebaute Schachthöhle Deutschlands. Ihre 1100 Meter langen Gänge reichen bis 100 Meter unter die Erdoberfläche. Angeschlossen ist eine informative höhlenkundliche Schau.

Einkehrmöglichkeiten
In Laichingen, Nellingen und Machtolsheim.

Öffnungszeiten
Heimatmuseum: 1.4.-15.10. So 13-17 Uhr.
Laichinger Tiefenhöhle: 15.4.-15.10. 9-18 Uhr.

Auskunft
Laichingen: Stadtverwaltung, Tel. (07333) 8516.

Landkarten
LVA-Wanderkarte Blatt 19 »Ulm – Blaubeuren«.

11 Am Albtrauf bei Wiesensteig

Wiesensteig – Schopfloch – Diepoldsburg – Ochsenwang – Randecker Maar – Burgruine Reußenstein – Wiesensteig

 Ausgangsort und Anfahrt
Die Kreuzung im Ortszentrum von Wiesensteig unterhalb der Kirche. Wiesensteig liegt vier Kilometer westlich der Ausfahrt Mühlhausen von der A8 München – Stuttgart.

 Zielpunkt
Die Tour führt zum Ausgangspunkt zurück.

 Gesamttourenlänge
33,5 km.

 Zeitbedarf
3 Stunden.

 Etappen
Wiesensteig – Schopfloch: 9,5 km; Schopfloch – Ochsenwang: 10 km; Ochsenwang – Wiesensteig: 14 km.

 Steigungen
480 Höhenmeter. Zwischen Wiesensteig und Schopfloch ein langgezogener Berg, danach viele kurze Anstiege.

 Geländestruktur
Viel Auf und Ab am kuppigen Rand des Albtraufes, der weite Blicke in das Vorland gewährt.

 Sehenswertes
• *Wiesensteig*: Altstadt mit Stadtkirche.
• *Randecker* Maar. Torfgrube. Ruine Reußenstein.

Die Stadt Wiesensteig trafen im Dreißigjährigen Krieg und im Zweiten Weltkrieg schwere Zerstörungen. So blieben vom um 1600 erbauten Renaissance-Schloß nur ein Flügel erhalten und am Marktplatz rund um den Elefantenbrunnen einige Bürgerhäuser. Die Pfarrkirche St. Cyriakus wurde nach der Brandschatzung im Dreißigjährigen Krieg im 18. Jahrhundert in barockem und klassizistischem Stil wiederaufgebaut. Sie war einst Teil eines schon im 9. Jahrhundert gegründeten Benediktinerklosters.

An der Kreuzung im Ortszentrum von **Wiesensteig** folgen wir der schmalen, nach Neidingen und Kirchheim ausgeschilderten Straße. Am Ortsrand, kurz bevor die Hauptstraße aufwärts führt, biegen wir links in die *Helfensteinstraße.* Am Ortsrand wird die Teerstraße schmal und führt uns nach einem Kilometer zu einem großen Wanderparkplatz. Hier beginnt die Sandstraße, die vorbei am Filsursprung durch das Hasental bergauf führt. Wir folgen immer dem Hauptweg, halten uns an einer Weggabelung im Wald rechts (Rad-Ww. Tour 4) und radeln zum Schluß etwas mühsam zu einem flachen Wiesental hinauf. Wir wechseln geradewegs auf eine Teerstraße und treffen vor einem Hügel auf eine Querstraße. Auf ihr nach links (Rad-Ww. Tour 4) und nach 1,2 Kilometern rechts in eine Straße (Ww. Schopfloch, Happrechthaus). Sie führt anstrengend zum Happrechthaus hinauf und dann abwärts nach **Schopfloch.**
Die *Vordere Bergstraße* führt uns linkshaltend zur Hauptstraße hinab, auf die wir nahe der Kirche stoßen. Auf ihr wenige Meter nach links und dann rechts in die *Raiffeisenstraße,* auf der wir bis zum Ortsende bleiben. Wir treffen auf eine Vorfahrtsstraße, auf der wir links bis zu den Häusern von **Krebsstein** radeln.
An der Kreuzung im Ort halten wir uns rechts und biegen an der nächsten Gabelung in das rechte Teersträßchen ein. Nach 700 Metern knickt die Straße nach links und läuft nach weiteren 400 Metern rechts in den Wald. Dort halten wir uns links und radeln bis zu einer Wegkreuzung. Wir biegen nach rechts (Ww. Asch) und dann bei erster Gelegenheit links auf eine Sandstraße. An der Stelle, an der un-

11 Am Albtrauf bei Wiesensteig

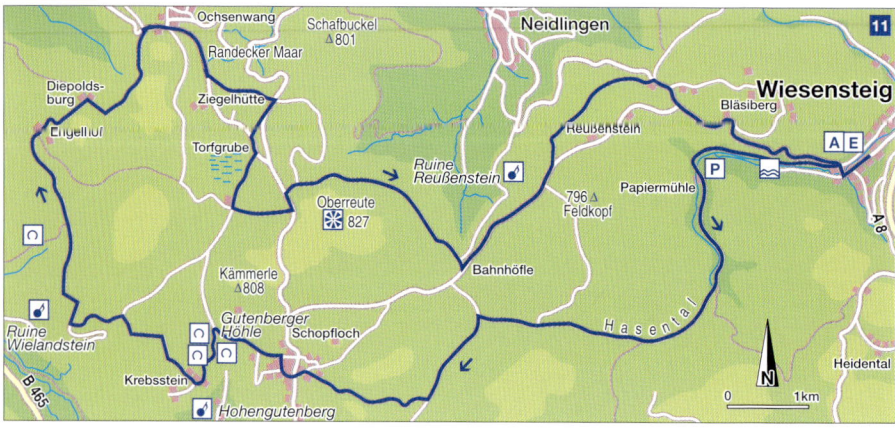

ser Weg nach 300 Metern nach rechts läuft, zweigt links ein Wanderweg zur Ruine der mittelalterlichen *Burg Wielandstein* ab.

Wir folgen aber immer geradeaus dem Hauptweg bis zum **Gasthof Engelhof.** Vom Engelhof mühen wir uns 450 Meter die steile Zufahrtsstraße hinauf. An der **Diepoldsburg** halten wir uns rechts und folgen der schmalen Straße, bis wir auf die Kreisstraße treffen. Auf ihr fahren wir rechts durch **Ochsenwang** und dann auf einem Radweg bergab. Nach 800 Metern biegen wir links auf eine schmale Teerstraße, die am Rand des **Randecker Maares** entlangläuft. Dieses Maar ist der größte der 300 Schlote des »Schwäbischen Vulkans«, die im Tertiär durch Gasexplosionen entstanden. Der einstmals von einem See ausgefüllte Trichter wurde von Norden her durch die Kräfte der Abtragung geöffnet und bietet heute einen weiten Blick in das Albvorland.

Wir erreichen nach 900 Metern eine Vorfahrtsstraße, der wir rechts hinauf folgen. Nach kurzer Fahrt biegen wir rechts ab und lassen die Räder über einen Parkplatz zur Hauptstraße hinablaufen. Auf ihr radeln wir nach links und biegen bei erster Gelegenheit rechts ab. Geradewegs führt uns die schmale Straße am Otto-Hoffmeister-Haus und an der **Torfgrube** vorbei. In diesem Schlot des »Schwäbischen Vulkans« bildete sich das *Schopflocher Moor,* da sich das Wasser auf dem undurchdringlichen Basalttuff ansammelte. In früheren Jahrhunderten wurde der Torf des Hochmoors als Heizmaterial abgebaut. Heute steht es dank seiner seltenen Fauna unter Naturschutz.

Am Kreuzstein halten wir uns links (Ww. Bahnhöfle) und radeln zur Landstraße hinauf. Wir folgen ihr 200 Meter nach links und finden dann rechts einen Wanderparkplatz. An seinem Ende nehmen wir den rechten Forstweg, der uns geradewegs bis zum **Bahnhöfle** führt. Kurz vor dem Parkplatz bietet sich von den Felszinnen der Weißen Wand ein herrlicher Blick über das Tal zur Ruine Reußenstein. Vom Bahnhöfle radeln wir auf der breiten Hauptstraße nach links.

Nach 1,3 Kilometern bietet sich links der Abstecher zur malerischen **Burgruine Reußenstein** an. Sie wurde im 14. Jahrhundert von einer Adelsfamilie erbaut. Die Sage erzählt jedoch vom Riesen Heim, der sich die Burg von Handwerkern aus dem Tal erbauen ließ. Da er am gegenüberliegenden Heimenstein einen Schatz

Am Albtrauf bei Wiesensteig 11

hütete, konnte er die Arbeiter reichlich entlohnen.
Wir folgen der Hauptstraße noch 450 Meter und biegen links in die Straße zum Hof Reußenstein ein. An der Kreuzung nach dem Gasthof fahren wir wenige Meter nach rechts und halten uns dann an der Weggabelung links. Wir stoßen auf die Landstraße, die noch kurz über die Hochfläche läuft und danach steil und kurvig nach **Wiesensteig** hinabführt.

Einkehrmöglichkeiten
In Wiesensteig und Schopfloch, im Engelhof, in Ochsenwang, an der Torfgrube und in Reußenstein.

Auskunft
• Wiesensteig: Städtisches Verkehrsamt, Tel. (07335) 5041.

Landkarten
LVA-Wanderkarte Blatt 18 »Reutlingen – Bad Urach«.

Über der Altstadt von Wiesensteig ragen die Türme der Pfarrkirche St. Cyriakus auf, die einstmals Teil eines im 9. Jahrhundert gegründeten Klosters war.

12 Von Urach zur Burg Hohenneuffen

Bad Urach – Seeburg – Grabenstetten – Erkenbrechtsweiler – Burgruine Hohenneuffen – Bad Urach

 Ausgangsort und Anfahrt
Die Altstadt von Bad Urach. Bad Urach liegt im oberen Ermstal am Kreuzungspunkt mehrerer Bundesstraßen.

 Zielpunkt
Die Tour führt zum Ausgangspunkt zurück.

 Gesamttourenlänge
40 km.

 Zeitbedarf
4 Stunden.

 Etappen
Bad Urach – Seeburg: 8,5 km; Seeburg – Grabenstetten: 12,5 km; Grabenstetten – Hohenneuffen: 8 km; Hohenneuffen – Bad Urach: 11 km.

 Steigungen
430 Höhenmeter. Nach Seeburg ein langer, anstrengender Anstieg.

 Geländestruktur
Im Auf und Ab durch tiefeingeschnittene Täler und über weite Hochebenen. Nach Seeburg ein anstrengender Anstieg.

 Sehenswertes
• *Bad Urach*: Altstadt. • *Grabenstetten*: Keltische Wälle. Burg Hohenneuffen.

Unterhalb der *Ruine Hohenurach* entwickelte sich ab dem 11. Jahrhundert der Ort Urach, der im 13. Jahrhundert die Stadtrechte erhielt. Als Mitte des 15. Jahrhunderts Württemberg geteilt wurde, war Urach Regierungssitz des südlichen Landesteiles. Zu dieser Zeit entstanden auch die meisten der Gebäude in der malerischen Altstadt. Den Marktplatz mit dem gotischen Marktbrunnen umgeben mittelalterliche Fachwerkhäuser und das Rathaus aus dem 16. Jahrhundert. Von dort leitet zwischen alten Bürgerhäusern die Kirchstraße zur reich ausgestatteten spätgotischen Amanduskirche. Links von der Kirche ragt das im 15. Jahrhundert erbaute Fachwerkschloß auf, das das Schloßmuseum und das Albvereinsmuseum beherbergt.

Wir beginnen die Tour an einer Kreuzung am Südrand der Altstadt von **Bad Urach**. Links führt von der B28 die Wilhelmstraße in das Stadtzentrum. Wir biegen rechts in die breite *Münsinger Straße*. Kurz vor dem Ortsende zweigen wir rechts in die *Friedensstraße* ab. An ihrem Ende finden wir einen schmalen Radweg, der uns zu

Von Urach zur Burg Hohenneuffen 12

einer nahen Ampel bringt. Jenseits der Bundesstraße radeln wir in die *Sirchinger Straße* und biegen nach 400 Metern links zu einem Werkgelände ab. Nach wenigen Metern fahren wir rechts über den Parkplatz und finden an seinem Ende eine schmale Teerstraße, die bald in einen Kiesweg übergeht (Rad-Ww. und Ww. Seeburg).

Nach zwei Kilometern steigt der Weg steil in die Seitenhänge, ehe uns eine Forststraße wieder in den Talgrund führt. Vor dem Brückchen nach rechts und immer am rechten Talrand entlang. Kurz vor Seeburg geht es geradewegs über einen Querweg (Rad-Ww.) und auf grüner Spur über einen Grillplatz, ehe der Weg wieder deutlicher wird. Nach einem Kilometer überqueren wir in **Seeburg** geradewegs die B465 (Ww. Ulm, Hengen) und biegen nach 200 Metern links in die Straße »*Bei der Kirche*«. Rechts liegt die mittelalterliche Dorfkirche, in der Fresken aus dem 13. Jahrhundert gut erhalten geblieben sind. An der ersten Weggabelung linkshaltend über den Fischbach, dann geradewegs über die nächste Kreuzung und den *Hartberg* linkshaltend aufwärts (Ww. Wittlingen).

Anstrengend leitet uns die schmale Teerstraße durch den steilen Talhang aufwärts, bis wir nach 1,3 Kilometern die Hochfläche erreichen. Wir radeln jetzt permanent geradewegs nach Norden. Nach einem Anstieg nahe dem Waldrand zur Rechten erreichen wir eine Weggabelung, an der wir uns rechts halten. Kurz bergab und dann linkshaltend aufwärts, bis wir rechts zur nahen Hauptstraße fahren können. Wir folgen ihr rechts bis in das Ortszentrum von **Hengen.** Vor dem Rathaus biegen wir rechts in die *Böhringer Straße*, die uns zur Landstraße führt. Auf ihr radeln wir nach links und biegen nach 450 Metern links in eine schmale

Das Rathaus aus dem 16. Jahrhundert und weitere Fachwerkhäuser umringen in Bad Urach den Marktplatz.

12 Von Urach zur Burg Hohenneuffen

Straße. Auf ihr unter der B28 hindurch und immer geradeaus, bis wir vor Grabenstetten auf die Hauptstraße stoßen.
Wir schwenken links auf den Fahrradweg und können nach einer sanften Hügelkuppe links der Straße die ersten Wälle des **Heidengraben** erkennen. Sie wurden im 2. Jahrhundert v. Chr. von den Kelten aufgeschüttet. Die weitläufigen Befestigungsanlagen umgaben eine spätkeltische Siedlung (ein sogenanntes Oppidum), die kurz vor Christi Geburt aufgegeben wurde.
Der Radweg leitet uns von den Wällen hinauf nach **Grabenstetten.** Wir radeln geradewegs in den Ort und folgen im Zentrum der Hauptstraße nach links (Ww. Nürtingen, Neuffen). Kurz vor dem Ortsendeschild biegen wir rechts in die *Heerstraße* ein (Rad-Ww.), die uns geradewegs über die Hochfläche nach **Erkenbrechtsweiler** leitet. Nach den ersten Häusern biegen wir in das erste Sträßchen zur Linken ein und halten uns an der nächsten Kreuzung rechts. Wir radeln geradewegs über die Hauptstraße (Ww. Hohenneuffen) und im Auf und Ab zur **Burgruine Hohenneuffen**. Im 11. Jahrhundert wurde auf dem Bergsporn eine erste Burg errichtet, die bis in das 18. Jahrhundert immer weiter verstärkt wurde. Sie galt als mächtigste Burg auf der Schwäbischen Alb und diente zeitweise den Grafen von Württemberg als Sitz.
Von der Burg radeln wir zurück zum Parkplatz und auf der Zufahrtsstraße aufwärts. Etwa 150 Meter nach dem höchsten Punkt biegen wir rechts in eine Forststraße, die uns geradewegs über eine bewaldete Kuppe zum Waldrand führt (Ww. Kaltental, Urach). Bald setzt Teerbelag ein, und wir lassen die Räder geradewegs in den Talgrund rollen. Dort halten wir uns an einer Wegkreuzung neben einem einzeln stehenden Baum rechts und radeln auf einer Betonstraße, an der die Schautafeln eines astronomischen Lehrpfades stehen, geradewegs bis zur Hauptstraße. Deutlich zeichnen sich hier in der Landschaft weitere Wälle des Heidengrabens ab.
Wir folgen der Kreisstraße 350 Meter nach links und biegen dann rechts zum **Gasthof Burrenhof** ab. Kurz nach dem Burrenhof finden wir links einen geteerten Feldweg, der von keltischen Grabhügeln überragt wird. Wir fahren stets geradeaus, bis wir wieder auf die Kreisstraße stoßen. Auf dem Radweg nach rechts und nach 150 Metern erneut rechts auf eine Forststraße (Ww. Kaltental, Bad Urach). Wir folgen der Straße durch das einsame, teils steil abfallende *Kaltental* und radeln nach 3,3 Kilometern links an zwei Teichen vorbei. Kurz nach dem Kaltentalhäusle halten wir uns rechts und wechseln bald geradewegs auf ein Teersträßchen, das uns über die Elsach zur Landstraße bringt. Auf ihr radeln wir rechts immer geradeaus bis in die Altstadt von **Bad Urach.**

Radverleih
In Bad Urach.

Einkehrmöglichkeiten
In Seeburg, Hengen, Grabenstetten, Erkenbrechtsweiler, auf der Burg Hohenneuffen, im Burrenhof und in Bad Urach.

Öffnungszeiten
• *Bad Urach*: Schloßmuseum, April – Oktober Di – So 10 – 17 Uhr, November – März Di – So 11 – 16 Uhr (Führungen zur vollen Stunde). Albvereinsmuseum: April – Oktober 10 – 12 und 14 – 17 Uhr, November – März 14 – 17 Uhr.

Auskunft
• Bad Urach: Städtische Kurverwaltung, Tel. (07125) 94320.

Landkarten
LVA-Wanderkarte Blatt 18 »Reutlingen – Bad Urach«.

13 Auf der Albhochfläche bei Schloß Lichtenstein

Sonnenbühl-Undingen – Melchingen – Schloß Lichtenstein – Nebelhöhle – Genkingen – Undingen

 Ausgangsort und Anfahrt
Das Ortszentrum von Sonnenbühl-Undingen. Sonnenbühl-Undingen liegt westlich von Schloß Lichtenstein auf der Albhochfläche.

 Zielpunkt
Die Tour führt zum Ausgangspunkt zurück.

 Gesamttourenlänge
39,5 km.

 Zeitbedarf
4 Stunden.

 Etappen
Undingen – Melchingen: 17 km; Melchingen – Schloß Lichtenstein 12,5 km; Schloß Lichtenstein – Undingen 10 km.

 Steigungen
370 Höhenmeter, verteilt auf mehrere Anstiege.

 Geländestruktur
In meist sanftem Auf und Ab über die wellige Hochfläche der Alb.

 Sehenswertes
• Schloß Lichtenstein. • Nebelhöhle.

Wir verlassen **Sonnenbühl-Undingen** auf der nach *Burladingen* und Sonnenbühl-Willmandingen ausgeschilderten Kreisstraße in westlicher Richtung und wechseln am Ortsrand links auf einen Radweg.
Nach 500 Metern finden wir auf der rechten Straßenseite die Fortsetzung des Radweges, auf dem wir die Räder in das nahe **Willmandingen** hinabrollen lassen. Wir radeln auf der Hauptstraße geradewegs in den Ort und biegen nach der Kirche, in der frühgotische Fresken entdeckt wurden, rechts in die **Bolbergstraße**. Nach 200 Metern schwenken wir gegenüber der Brühlstraße links in einen geteerten Feldweg (Rad-Ww.). Wir fahren einen Kilometer geradeaus, bis der Weg an einer breiteren Straße endet. Auf ihr nach rechts und nach 1,2 Kilometern gerade über die Landstraße.
Wir radeln geradewegs aufwärts, bis unser Sträßchen vor dem Steilhang des Monkberges an einer Querstraße endet. Auf ihr nach rechts, an der nächsten Kreuzung links und hinter einigen Scheunen an der Weggabelung wieder nach rechts. Wir folgen dem sanft ansteigenden, aussichtsreichen Teersträßchen bis zu einer Kreuzung am Nordfuß des Kornbühls. Wir halten uns links, bleiben an einer Weggabelung rechts und stoßen auf die nahe Hauptstraße. Rechts führt ein Abstecher zum Anstiegsweg auf den **Kornbühl**. Er besteht aus einem der Kalkschwammriffe, die die typischen kegelförmigen Hügel der Kuppenalb aufbauen. Auf dem Gipfel des Kornbühls steht die im 16. Jahrhundert erbaute Salmendinger Kapelle, zu der ein von Kreuzwegstationen gesäumter Weg emporführt.
Unser Weiterweg überquert allerdings direkt die Hauptstraße und leitet uns geradewegs in ein Tal hinab. An der Kreuzung im Talgrund halten wir uns links und folgen einer schmalen Teerstraße. An zwei Gabelungen radeln wir nicht steil zum Waldrand hinauf, sondern schwenken jeweils rechts auf das angenehmere Sträßchen. Bald lassen wir die Räder gerade in ein Tal hinabrollen und biegen links in eine Teerstraße ein. Wir radeln jetzt permanent geradeaus bis zu einer Kreuzung am Sportplatz von **Melchingen** und von dort rechts in das Dorf. Wir stoßen auf die Hauptstraße und fahren auf ihr links

13 Auf der Albhochfläche bei Schloß Lichtenstein

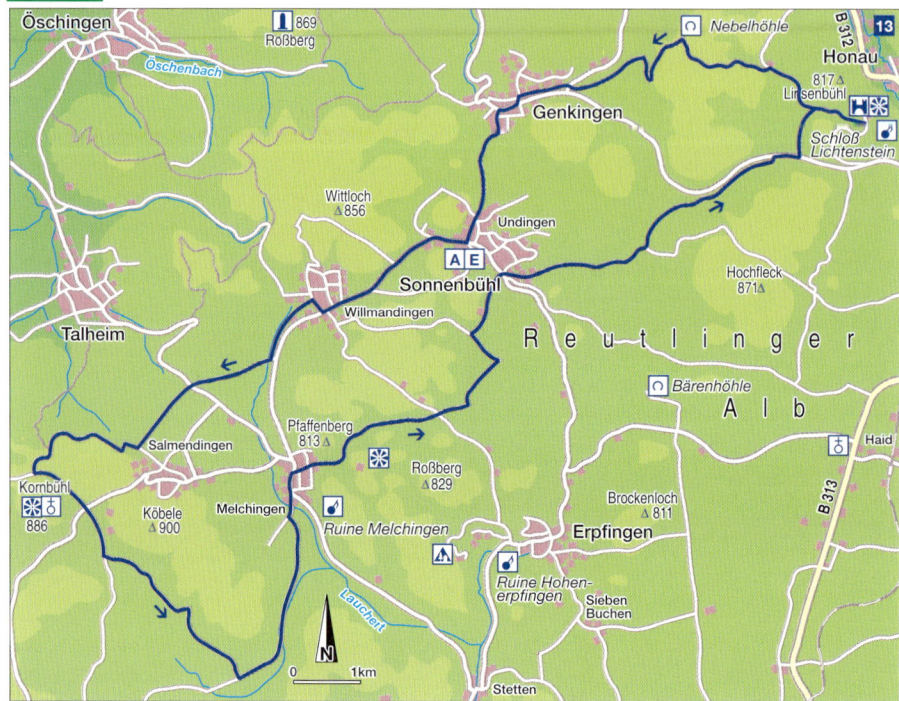

durch den Ort. An der Stelle, an der die Hauptstraße scharf nach links knickt, fahren wir geradewegs in die **Lauchertstraße**.
Sie führt uns durch ein Tal aufwärts und geradeaus bis zu einer Kuppe, auf der ein Bauernhof steht. Wir fahren anschließend geradeaus über die Kreuzung und durch den Wald abwärts, bis wir nach 400 Metern links auf eine Teerstraße abbiegen.
Nun geradewegs über eine Kreuzung und kurz darauf an der Weggabelung auf der Teerstraße links abwärts.
Sie geht bald in eine Sandstraße über, die uns nach einem Linksknick in ein Tal führt. Nach 500 Metern finden wir rechts eine Teerstraße, die uns über den Hügelkamm geradewegs an den Ortsrand von **Undingen** leitet. Dort überqueren wir die Hauptstraße und biegen nach wenigen Metern scharf rechts in die Straße »**Am Trieb**«. Die Straße leitet uns in das **Große Rinnental** hinab und links am Naturdenkmal **Kalkstein** vorbei.
Kurz nach dem höchsten Punkt erreichen wir einen Wanderparkplatz, an dessen Ende wir links in eine Teerstraße einbiegen (Ww. Nebelhöhle, Lichtenstein). Nach 400 Metern halten wir uns an der Weggabelung rechts und radeln auf der Sandstraße in den Wald. Wir folgen dem breiten Forstweg, bis er nach zwei Kilometern auf die Landstraße trifft. Auf ihr radeln wir nach rechts und nach 300 Metern links über einen Parkplatz auf eine schmale Teerstraße. Sie führt uns aufwärts zu einer Wegkreuzung, von der wir rechts einen Abstecher zum Schloß Lichtenstein unternehmen. Nach 350 Metern endet die Teerstraße am Waldrand. Wir biegen

Auf der Albhochfläche bei Schloß Lichtenstein 13

Angeregt durch einen Roman von Wilhelm Hauff erbaute im Jahre 1840 Graf Wilhelm von Württemberg hoch über dem Elzachtal Schloß Lichtenstein.

13 Auf der Albhochfläche bei Schloß Lichtenstein

rechts auf den etwas holprigen Feldweg ein, der uns am Waldrand entlang zum Parkplatz und weiter zum **Schloß Lichtenstein** hinaufführt. 1826 erschien der von Wilhelm Hauff verfaßte Roman »Lichtenstein«, in dem er eine mittelalterliche Burg als Zufluchtsort des vertriebenen Herzogs Ulrich von Württemberg beschreibt. Angeregt von diesem Roman ließ Graf Wilhelm von Württemberg 1840 auf einem Felsen hoch über dem Echaztal Schloß Lichtenstein im Stil der deutschen Burgenromantik erbauen. Heute ist das Schloß eines der beliebtesten Ausflugsziele auf der Schwäbischen Alb.

Wir fahren auf dem bekannten Weg, vorbei am Parkplatz, wieder zur schmalen Teerstraße hinab. Auf ihr radeln wir geradewegs bis zur Kalkofen-Hütte und biegen dort links in eine ansteigende Teerstraße (Ww. Nebelhöhle). Wir folgen der schmalen Straße, bis wir nach 1,7 Kilometern eine breitere Straße überqueren und nach wenigen Metern die **Nebelhöhle** erreichen. Sie zählt zu den schönsten Schauhöhlen der Schwäbischen Alb und kann auf einer Länge von 380 Metern besichtigt werden. Ihren Namen verdankt sie feuchter Höhlenluft, die als Nebel aus dem Eingang strömte.

Von der Höhle fahren wir zur nahen Straße zurück, lassen die Räder rechts hinabrollen und radeln durch Wiesen zum Ortsrand von **Genkingen.** Wir überqueren die Landstraße und radeln geradewegs durch den Ort, bis uns die *Jahnstraße* links zur Hauptstraße führt. Auf ihr nach rechts und nach 300 Metern vor dem alten hübschen Fachwerk-Rathaus links in die nach *Sonnenbühl-Undingen* ausgeschilderte Straße. Am Ortsrand wechseln wir auf einen breiten Radweg und radeln entlang der Landstraße über einen letzten Hügel nach **Undingen** mit seiner spätgotischen Pfarrkirche zurück.

Einkehrmöglichkeiten
In Undingen, Willmandingen, Melchingen, am Schloß Lichtenstein, an der Nebelhöhle und in Genkingen.

Öffnungszeiten
• *Schloß Lichtenstein*: April – Oktober 9 – 12 und 13 – 17.30 Uhr, November, Februar und März Sa, So und feiertags 9 – 12 und 13 – 17 Uhr.
• *Nebelhöhle*: 1.4. – 31.10. 8.30 – 17.30 Uhr.

Auskunft
• Sonnenbühl: Fremdenverkehrsbüro, Tel. (07128) 92518.

Landkarten
LVA-Wanderkarte Blatt 17 »Rottenburg – Balingen«.

Unser Weg führt uns am Kornbühl vorbei, auf dem die im 16. Jahrhundert erbaute Salmendinger Kapelle steht.

14 Das Tal der Großen Lauter

Marbach – Ödenwaldstetten – Ehestetten – Gundelfingen – Hundersingen – Marbach

 Ausgangsort und Anfahrt
Der große Parkplatz am Westrand von Marbach. Marbach liegt westlich von Münsingen im Tal der Großen Lauter.

 Zielpunkt
Die Tour führt zum Ausgangspunkt zurück.

 Gesamttourenlänge
37 km.

 Zeitbedarf
3 ½ Stunden.

 Etappen
Marbach – Ödenwaldstetten: 6,5 km; Ödenwaldstetten – Ehestetten: 7 km; Ehestetten – Gundelfingen: 9 km; Gundelfingen – Marbach: 14,5 km.

 Steigungen
270 Höhenmeter. Nur zu Beginn ein längerer Anstieg.

 Geländestruktur
Teils über die wellige Hochfläche der Münsinger Alb, teils ohne Mühe durch das beschauliche Tal der Großen Lauter.

 Sehenswertes
• *Marbach:* Landesgestüt. • *Gundelfingen:* Mittelalterliche Burgen. • *Hundersingen:* Ruine Hohengundelfingen.

Vor mehr als 400 Jahren gründeten die Herzöge von Württemberg das Gestüt Marbach, das heute das Haupt- und Landesgestüt von Baden-Württemberg mit über 300 Pferden beherbergt. Das Gestüt wurde im 17. Jahrhundert großenteils im Stil der Renaissance errichtet und im 18. Jahrhundert erweitert.
Vor dem Parkplatz westlich des Gestütes **Marbach** biegt von der Landstraße die schmale, nach Hohenwald und Ödenwaldstetten ausgeschilderte Straße ab. Ein langgezogener Anstieg führt uns nach einem Kilometer auf die Hochfläche. Wir folgen der Straße, die uns im Auf und Ab durch den Wald führt. Bald führt uns eine steile Abfahrt in das Pfaffental hinab. Anschließend folgen wir noch etwa 900 Meter der Straße, bie sie steiler durch Wiesen nach oben führt. Hier biegen wir rechts auf eine schmale Teerstraße, halten uns an der ersten Wegkreuzung links und radeln geradewegs nach **Ödenwaldstetten.**
An der Kreuzung vor der Kirche geradeaus (Rad-Ww. Zwiefalten), nach 250 Metern links und nach weiteren 200 Metern rechts aus dem Dorf. Jetzt radeln wir immer geradeaus über einige Kuppen und danach durch das einsame Weidental (Ww. Ehestetten). Nach 3,5 Kilometern erreichen wir die Weggabelung, von der wir auf der linken Teerstraße aufwärts in den Wald radeln. Im Auf und Ab führt uns die schmale Straße geradewegs nach **Ehestetten.** Im Ortszentrum treffen wir auf die Hauptstraße, fahren wenige Meter nach rechts und dann links in die *Schloßstraße.*
Die Räder rollen bergab aus dem Ort und folgen an der Kreuzung im Talgrund der nach links ansteigenden Teerstraße. Die Straße knickt nach rechts, und wir radeln nun immer gerade durch bis zum **Steighof.** Am Steighof halten wir uns rechts und fahren kurz abwärts. Die Hauptstraße knickt vor den letzten Höfen nach links. Links der Gebäude führt von hier ein Wanderweg zum nahen Aussichtspunkt auf den *Bürzel,* der einen herrlichen Blick auf *Gundelfingen* bietet. Am Hang gegenüber ragt auf steilen Kalkfelsen die *Burg Hohengundelfingen* auf, die im 12. Jahrhundert im Stil der staufischen Wehrbauten errichtet wurde. Unter uns

14 Das Tal der Großen Lauter

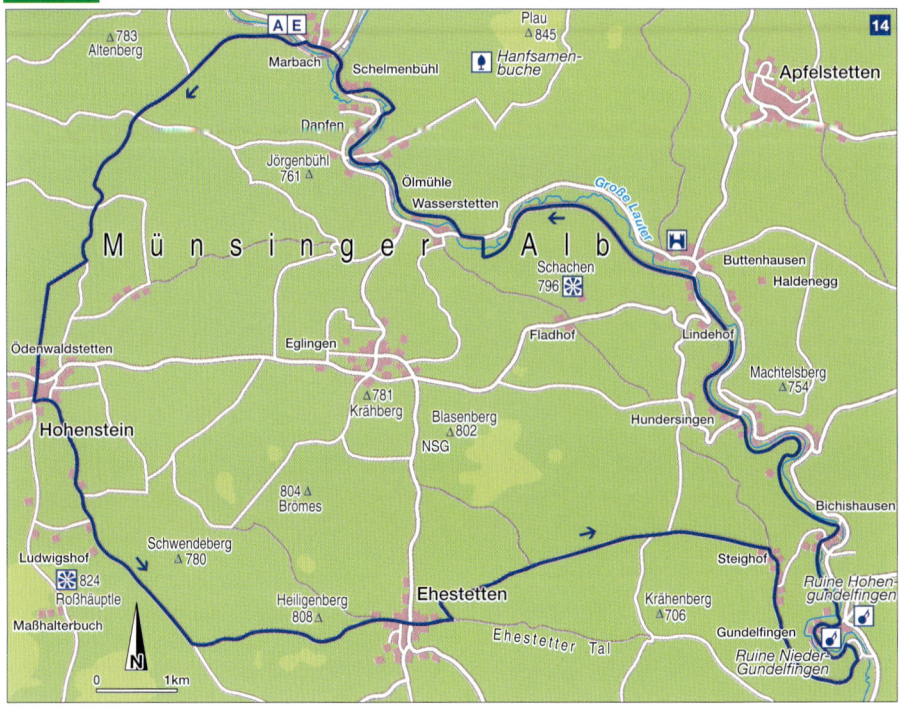

liegt in einer weiten Flußschleife das Dorf Gundelfingen. Darüber besetzt die *Burg Niedergundelfingen* die Spitze des Umlaufberges, den die Großer Lauter umfließt. Die Burg wurde im 13. Jahrhundert erbaut und ist noch gut erhalten.

Unser Weiterweg führt von der scharfen Kurve vor den letzten Gebäuden auf einer schmalen Teerstraße rechts an den Höfen vorbei. Sie läuft immer nahe der Abbruchkante in das Tal der *Großen Lauter* abwärts. Wir treffen im Talgrund auf eine schmale Straße, auf der wir links in das Dörfchen **Gundelfingen** radeln. Wir folgen der Straße, die am Fuße des Burgberges im Rechtsbogen durch das Dorf führt. Wenige Meter, bevor wir auf die Hauptstraße stoßen, biegen wir links in das Sträßchen »*Am Bürzel*« (ab hier Rad-Ww. Gomadingen).

An der nächsten Weggabelung halten wir uns rechts und radeln geradewegs nach **Bichishausen.** Kurz nach der hübschen Barockkirche St. Gallus mit dem zierlichen Zwiebeltürmchen halten wir uns rechts und biegen vor der Brücke links in den *Gefällweg.* Immer am linken Rand des Tales bringt uns die Sandstraße nach **Hundersingen,** das von der Ruine Hohenhundersingen mit ihrem mächtigen, im 12. Jahrhundert erbauten Bergfried überragt wird. Wir radeln links an der Großen Lauter entlang, fahren unterhalb der Kirche geradewegs über eine Teerstraße und auf einem Sandweg bis zu einer Querstraße. Auf ihr kurz nach links und vor dem »Gasthof zum Lautertal« rechts auf ein Teersträßchen, das uns geradewegs nach **Buttenhausen** führt. Im Ort auf einer Querstraße nach links

Das Tal der Großen Lauter   14

und nach 30 Metern rechts auf einen schmalen Teerweg, der wenige Meter steil bergauf führt. Wir folgen nun immer dem Weg, der am linken Rand der Talaue entlangläuft. Kurz vor Wasserstetten hilft uns nahe einer Kläranlage eine schmale Holzbrücke über den Fluß. Wir stoßen auf die Hauptstraße, an der entlang wir links nach **Wasserstetten** radeln. Nach den ersten Häusern biegen wir rechts in ein Teersträßchen und zweigen nach 100 Metern links auf einen Kiesweg. Wir erreichen nach 500 Metern eine Kreuzung und radeln auf einem Teersträßchen nach rechts. Vor den ersten Häusern von **Dapfen** halten wir uns links, überqueren nach 400 Metern eine Vorfahrtsstraße und fahren auf schmaler Straße links an der Großen Lauter entlang.

Unterhalb der Kirche folgen wir einer Querstraße rechts über den Fluß und biegen nach 150 Metern links ab. Wir treffen am Ortsrand von **Marbach** auf die Hauptstraße, auf der wir rechts zum Ausgangspunkt zurückradeln. Ein Besuch des Landesgestüts lohnt dann auf jeden Fall noch, zumal die Ställe und Koppeln tagsüber zugänglich sind: ein besonderes Erlebnis – nicht nur für Pferdenarren oder mitradelnde Kinder.

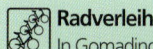

Radverleih
In Gomadingen nordwestlich von Marbach.

Einkehrmöglichkeiten
In Marbach, Ödenwaldstetten, Ehestetten, Bichishausen, Hundersingen, Buttenhausen, Wasserstetten und Dapfen.

Auskunft
• Gomadingen: Verkehrsamt, Tel. (07385) 969633.

Landkarten
LVA-Wanderkarte Blatt 18 »Reutlingen – Bad Urach« und Blatt 20 »Sigmaringen – Ehingen« (nur für eine kurze Strecke vor Gundelfingen).

Burg Niedergundelfingen bewacht eine weite Flußschleife, die die Große Lauter in die Albfläche gegraben hat.

67

15

15 Täler und Höhen bei Obermarchtal

Ubermarchtal – Lauterach – Anhausen – Indelhausen – Hayingen – Rechtenstein – Obermarchtal

 Ausgangsort und Anfahrt
Das ehemalige Kloster in Obermarchtal. Obermarchtal liegt westlich von Ehingen an der B311.

 Zielpunkt
Die Tour führt zum Ausgangspunkt zurück.

 Gesamttourenlänge
35 km.

 Zeitbedarf
3 Stunden.

 Etappen
Obermarchtal – Lauterach: 8 km; Lauterach – Indelhausen: 11,5 km; Indelhausen – Hayingen: 3,5 km; Hayingen – Obermarchtal: 12 km.

 Steigungen
370 Höhenmeter. Vor Hayingen ein anstrengender Anstieg.

 Geländestruktur
Meist ohne große Mühen durch sanfte Täler; zwischen Indelhausen und Rechtenstein in einigem Auf und Ab über die Albfläche.

 Sehenswertes
• *Obermarchtal:* Ehemaliges Kloster. Tal der Großen Lauter. • *Hayingen:* Altstadt mit Pfarrkirche.

Auf einer Kalktafel liegt südlich der Donau Obermarchtal. Das ehemalige Kloster, das ab 1803 von der Fürstenfamilie Thurn und Taxis zu einer Schloßanlage umgestaltet wurde, beherrscht das Ortsbild. Schon im Jahre 776 ist an dieser Stelle ein erstes Kloster beurkundet. Nach seiner Neugründung im 12. Jahrhundert gelangte es schnell zu Macht und Reichtum und wurde 1500 zur Reichsabtei erhoben. Die heutige Anlage wurde im 17. und 18. Jahrhundert erbaut. Glanzstück ist die Klosterkirche, die 1701 geweiht wurde. Das mit reichem Stuck ausgeschmückte Gotteshaus zählt zu den schönsten Barockbauten der Schwäbischen Alb und enthält neben dem mächtigen Hochaltar weitere wertvolle Altäre. Hier wollen wir unsere Radtour in das wildromantische *Tal der Großen Lauter* beginnen.
Vom Kloster in **Obermarchtal** fahren wir auf der Zufahrtsstraße, vorbei an einer Kirche, zur Hauptstraße. Auf ihr nach links und nach 100 Metern rechts in die *Oberwachinger Straße* (bis Untermarchtal Rad-Ww. Donau-Radwanderweg). Nach der Unterführung biegen wir links in den *Ziegelhüttenweg,* der nach wenigen Metern nach rechts schwenkt. An der nächsten Wegkreuzung halten wir uns links und radeln zwei Kilometer geradeaus. Neben einem Bildstock treffen wir auf eine Querstraße, die uns links nach **Untermarchtal** hinableitet. Im Ort treffen wir auf die Hauptstraße, der wir rechts über die Donau und die Bahnlinie folgen. 50 Meter nach den Gleisen biegen wir links in die *Bergstraße,* die nach 200 Metern nach rechts hinauf schwenkt. Wir wechseln an dieser Stelle links auf eine schmale, nur kurz abwärts führende Straße, auf der wir bis zu einer Kreuzung vor die Bahnlinie fahren. Wir radeln rechts an den Gleisen entlang. Nach 200 Metern knickt das Teersträßchen nach rechts und leitet uns durch den Talhang aufwärts. Nach 500 Metern läuft die Straße rechts in ein Tal. Wir biegen links auf einen Feldweg ein und wechseln an der folgenden Kreuzung geradewegs auf einen Teerweg, der uns zum Ortsrand von **Neuburg** bringt. Wir fahren auf der Hauptstraße kurz nach links und biegen dann rechts in den *Kirchweg* ab. Das Sträßchen schwenkt am Dorfrand nach rechts und

Täler und Höhen bei Obermarchtal

führt uns geradewegs nach **Lauterach** hinab. Wir stoßen auf die Hauptstraße, auf der wir links durch den Ort fahren. Hinter der Brücke über die *Große Lauter* biegen wir rechts ab (Ww. Laufmühle) und radeln auf der Teerstraße bis zur Brücke vor der Laufmühle. Wir biegen rechts in eine Sandstraße ein (Rad-Ww. Tour 9), die kurz steil aufwärts führt. Wir radeln dann ohne Mühen durch das wundervolle, von hellen Felsen und der mittelalterlichen *Burg Rechtenstein* überragte Tal, bis wir kurz vor **Unterwilzingen** auf eine Teerstraße stoßen. Auf ihr kurz nach links und hinter der Brücke rechts auf eine schmale Teerstraße. Der Teerbelag setzt bald aus und wir radeln links des Flüßchens durch das romantische Tal. Nach 3,3 Kilometern überragen rechts die mächtigen Wände des Gemsfels mit der im 12. Jahrhundert erbauten *Ruine Wartstein* das Tal. Nach einem weiteren Kilometer steigt der Weg kurz an und rechts rauscht der herrliche, Hoher Gießel genannte *Wasserfall*, der über eine Sinterterasse stürzt. Bei einem Parkplatz stoßen wir auf ein Teersträßchen, das uns über den Talboden nach rechts leitet (Ww. Anhausen, Indelhausen). Bald radeln wir unterhalb der *Ruine Schülzburg* nach **Anhausen** hinein. Die mittelalterliche Burg wurde im 16. Jahrhundert zu einem Schloß umgebaut, das 1884 einem Brand zum Opfer fiel. Im Dörfchen fahren wir auf einer ersten Vorfahrtstraße nach links und dann geradewegs zur Hauptstraße. Auf ihr links in das nahe **Indelhausen**.

Ein Brückchen bringt uns links zum alleinstehenden alten Fachwerk-Rathaus. Auf einem schmalen Weg fahren wir zur anderen Talseite und dort auf einer Teer-

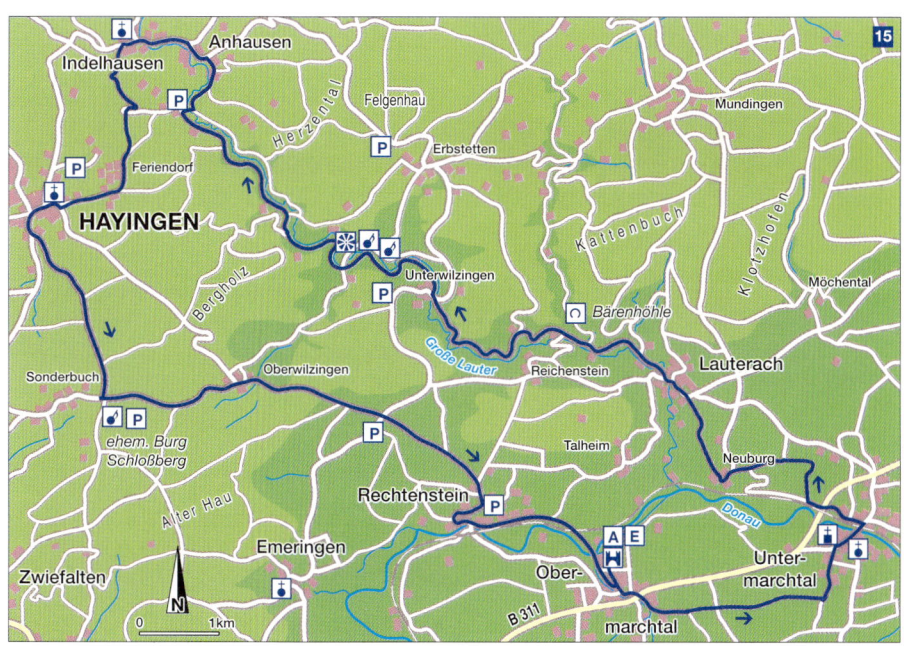

15 Täler und Höhen bei Obermarchtal

straße nach rechts. Bei erster Gelegenheit radeln wir links auf steil ansteigendem Weg aus dem Ort (bis Hayingen Rad-Ww. Hayingen). Nach dem ersten Anstieg auf dem Teersträßchen in ein Tal hinab und dann weniger steil aufwärts. An der zweiten Straßenkehre rechts auf ein Nebensträßchen und geradewegs bis zum höchsten Punkt und dort nach rechts. Nach dem Feriendorf schwenkt die Straße nach rechts und führt uns in das ruhige Landstädtchen **Hayingen.** Im Ort wechseln wir geradewegs auf die Hauptstraße und radeln durch das Stadtzentrum. Hayingen wurde von den Grafen von Gundelfingen im 13. Jahrhundert gegründet. Im Ortszentrum findet man die gotische Stadtkirche und das barocke Fachwerk-Rathaus. Wir stoßen auf eine Vorfahrtsstraße, auf der wir links abwärts fahren (Ww. Zwiefalten). Wenige Meter vor dem Ortsende zweigen wir links auf eine schmale Teerstraße ab (Rad-Ww. Oberwilzingen). Unser Weg führt uns in ein Tal und dann geradewegs auf eine aussichtsreiche Hügelkuppe. Nach dem höchsten Punkt erreichen wir kurz vor dem Wald eine Kreuzung, von der wir die Räder links nach **Oberwilzingen** hinablaufen lassen. Im Dorf radeln wir auf der Hauptstraße nach rechts und folgen ihr über zwei Hügelkämme, bis wir nach vier Kilometern **Rechtenstein** erreichen. Die Straße führt uns um den Burgberg, auf dem im Mittelalter eine Doppelburg erbaut wurde, an das Donauufer hinab.

Vor der Brücke fahren wir geradeaus in eine Nebenstraße und an der Gabelung nach wenigen Metern links aufwärts. An der nächsten Gabelung halten wir uns rechts und radeln geradeaus auf einem Teersträßchen aus dem Ort. Es schwenkt bald rechts über die Gleise und führt uns geradewegs auf Obermarchtal zu. Auf schmaler Brücke über die Donau, links zu den ersten Häusern und dort rechts den *Mühlweg* hoch. Nach 500 Metern erreichen wir eine vorfahrtsberechtigte Straße, auf der wir links hinauf zum nahen Kloster von **Obermarchtal** fahren.

In Indelhausen führt uns eine schmale Brücke über die Große Lauter zum abseits gelegenen Fachwerk-Rathaus.

 Radverleih
In Hayingen.

Einkehrmöglichkeiten
In Obermarchtal, Untermarchtal, Lauterach, an der Laufmühle, in Anhausen, Indelhausen, Hayingen und Rechtenstein.

Auskunft
• Hayingen: Gäste-Information, Tel. (07386) 412.

 Landkarten
LVA-Wanderkarte Blatt 20 »Sigmaringen – Ehingen«.

16 Rund um Zwiefalten

Zwiefalten – Friedrichshöhle – Tigerfeld – Kettenacker – Upflamör – Zwiefalten

 Ausgangsort und Anfahrt
Das ehemalige Kloster in Zwiefalten. Zwiefalten liegt zehn Kilometer nördlich von Riedlingen an der B312.

 Zielpunkt
Die Tour führt zum Ausgangspunkt zurück.

 Gesamttourenlänge
32,5 km.

 Zeitbedarf
3 Stunden.

 Etappen
Zwiefalten – Tigerfeld: 10,5 km; Tigerfeld – Kettenacker: 6 km; Kettenacker – Upflamör: 9 km; Upflamör – Zwiefalten: 7 km.

 Steigungen
330 Höhenmeter, verteilt auf mehrere Anstiege. Nur nach der Friedrichshöhle ein langgezogener Berg.

 Geländestruktur
Im Auf und Ab über die Hochfläche der Zwiefalter Alb.

 Sehenswertes
• *Zwiefalten:* Ehemaliges Kloster.
• *Wimsen:* Friedrichshöhle.

Am Kreuzungspunkt mehrerer Täler liegt am Südrand der Mittleren Alb der Ort Zwiefalten. Im Jahre 1089 stifteten die Grafen von Achalm das Kloster, dessen zweitürmiges Münster das Ortsbild beherrscht. Die Kirche wurde Mitte des 18. Jahrhunderts nach Plänen von Johann Michael Fischer erbaut und besticht durch seine Eleganz und durch die wertvolle Ausstattung. Farbenfrohe Deckenfresken und filigrane Stuckornamente schmücken den Kirchenraum und die Seitenkapellen. Der Kreuzaltar enthält ein spätgotisches Muttergottesbildnis.

Wir beginnen die Tour vor dem Münsterportal in **Zwiefalten** und radeln den Rad-Wegweisern folgend nach links (Norden) und durch ein Tor zur Hauptstraße. Gegenüber beginnt die *Hofstraße,* die uns geradewegs bis zu einer Querstraße in **Gossenzugen** führt (Rad-Ww. Gossenzugen). Hier kann man kurz nach links fahren und dann rechts dem Sträßchen durch das Tal der Zwiefalter Ache folgen (ab hier Ww. Wimsener Höhle). Der Weg wird bald schmal und ist gerade an Wochenenden vielbegangen. Wir radeln deshalb in *Gossenzugen* rechts zur Hauptstraße hinauf und auf ihr nach links. Nach 2,5 Kilometern biegen wir links ab (Ww. Wimsener Höhle) und erreichen nach 700 Metern den Eingang zur **Wimsener Höhle.** Aus dem Portal der aktiven Wasserhöhle strömt ein Fluß, auf dem man mit einem Kahn 70 Meter weit in den Höhlengang eindringen und die Lichtreflexe auf dem türkisfarbenen Wasser bewundern kann.

Zwischen Gaststätte und Höhle läuft eine schmale Teerstraße aufwärts (Ww. Gauingen), die uns in mehreren Kehren aus dem Tal führt. Nach einem Flachstück halten wir uns an einer Weggabelung vor drei großen Holzkreuzen rechts (Ww. Huldstetten, Tigerfeld). Wir folgen drei Kilometer geradewegs dem Teersträßchen, das kurz vor **Tigerfeld** nach links knickt (Rad-Ww.) und uns in das nahe Dorf führt. Im Ort auf der Vorfahrtsstraße nach links und vor der Kirche nach rechts (Ww. Pfronstetten). Nach 100 Metern biegen wir links ab (Ww. Kettenacker) und nach wenigen Metern rechts in den *Amselweg.* Nach einem Kilometer bleiben wir an einer Weggabelung links am Waldrand und radeln dann geradewegs in sanftem Auf und Ab bis an den Ortsrand von

16 Rund um Zwiefalten

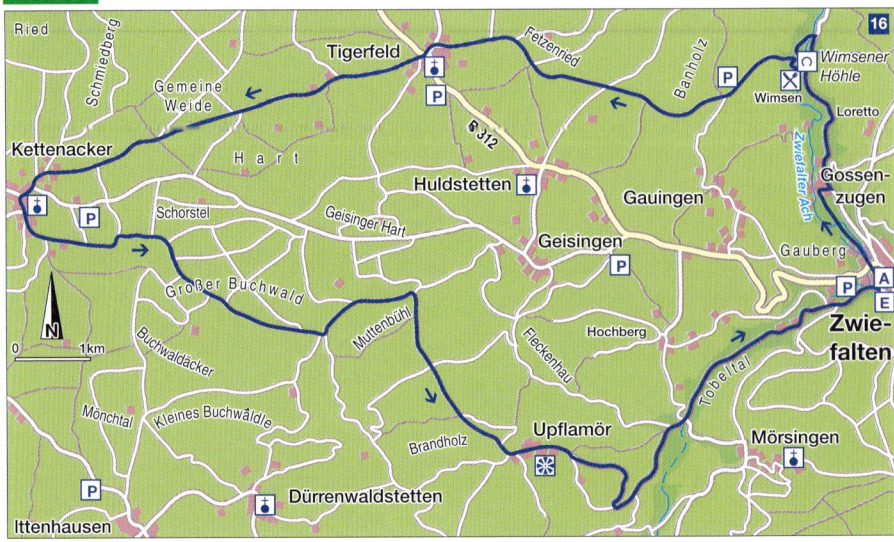

Kettenacker. Linkshaltend zur Hauptstraße und auf ihr rechts in das Dorfzentrum. Wir biegen links in die nach Inneringen ausgeschilderte Straße und wechseln nach 150 Metern geradewegs auf die *St. Georgstraße.* An der nächsten Weggabelung bleiben wir auf der rechten, flachen Straße und verlassen den Ort.
Wir fahren geradewegs an einer Kapelle vorbei, bis uns ein Querweg nach links leitet. Nach 100 Metern biegen wir rechts auf einen Feldweg und radeln an der Gabelung am Waldrand auf dem rechten Weg in den Wald. Nach 350 Metern treffen wir auf eine breitere Forststraße, der wir nach rechts folgen. Jetzt fahren wir stets gerade durch, bis wir nach 2,6 Kilometern eine schmale Teerstraße erreichen. Auf ihr links sanft durch ein Tal aufwärts bis in einen weitgeschwungenen Wiesensattel. Hier biegen wir rechts ab (Ww. Upflamör) und folgen dem Sträßchen über einen Hügelkamm bis an den Ortsrand von **Upflamör.**
Wir halten uns links und radeln geradewegs auf der Hauptstraße durch das Bauerndorf. Am Ortsende öffnet sich der herrliche Blick über das Tobeltal hinaus nach Zwiefalten. Eine schwungvolle Abfahrt bringt uns auf der Hauptstraße in das Tal hinab. Dort radeln wir an der Kreuzung auf der Vorfahrtsstraße geradeaus (Ww. Zwiefalten) und durch das enge, von Felstürmen gesäumte Tobeltal zurück nach **Zwiefalten.**

Radverleih
In Zwiefalten.

Einkehrmöglichkeiten
An der Wimsener Höhle, in Kettenacker, Upflamör und Zwiefalten.

Öffnungszeiten
• *Wimsener Höhle:* 1. April – 31. Oktober, 9 – 17.30 Uhr.

Auskunft
• Zwiefalten: Bürgermeisteramt-Verkehrsamt, Tel. (07373) 20520.

Landkarten
LVA-Wanderkarte Blatt 20 »Sigmaringen – Ehingen«.

Rund um Zwiefalten 16

Die 1701 geweihte Klosterkirche der ehemaligen Reichsabtei Zwiefalten zählt zu den bedeutendsten Barockbauten der Schwäbischen Alb.

17

17 Von Riedlingen zum Federsee

Riedlingen – Dürmentingen – Bad Buchau – Federsee – Seekirch – Dentingen – Riedlingen

 Ausgangsort und Anfahrt
Der Bahnhof in Riedlingen. Riedlingen liegt im Donautal an der Kreuzung der B312 mit der B311. Bahnanschluß.

 Zielpunkt
Die Tour führt zum Ausgangspunkt zurück.

 Gesamttourenlänge
43 km.

 Zeitbedarf
4 Stunden.

 Etappen
Riedlingen – Dürmentingen: 6,5 km; Dürmentingen – Bad Buchau: 10,5 km; Bad Buchau – Seekirch: 8 km; Seekirch – Dentingen: 9 km; Dentingen – Riedlingen 9 km.

 Steigungen
230 Höhenmeter, verteilt auf eine Vielzahl sanfter Anstiege.

 Geländestruktur
Von der Donau durch das oberschwäbische Hügelland zum Federsee.

 Sehenswertes
• *Riedlingen*: Altstadt.
• *Bad Buchau*: Federseemuseum.

Auf einem Hügel über der Donau baut sich die malerische Altstadt von Riedlingen auf. Der im 9. Jahrhundert erstmals erwähnte Ort kam im 13. Jahrhundert zum Hause Habsburg und nach wechselvoller Geschichte im Jahre 1805 zu Württemberg. Überragt wird die Stadt vom Turm der gotischen Pfarrkirche St. Georg, in der spätgotische Fresken erhalten geblieben sind. Das Rathaus wurde im 15. Jahrhundert erbaut, und im ehemaligen Spital aus dem 14. Jahrhundert ist ein kleines Heimatmuseum untergebracht. Im Westen der Stadt liegt das im 17. Jahrhundert erbaute Kapuzinerkloster mit malerischem Kreuzgang, und an der Donau sind Reste der Stadtbefestigung mit dem Mühltörle erhalten. Von Riedlingen im Donautal führt uns die heutige Tour in das sanftgewellte oberschwäbische Hügelland, dessen Gestalt von den Gletschern der Eiszeit geprägt wurde.

Vom Bahnhof in **Riedlingen** fahren wir links zur Hauptstraße und auf ihr nach links. Wir überqueren geradewegs die B311 (Rad-Ww. Bad Buchau, Heudorf) und radeln auf einer breiten, wenig befahrenen Straße aufwärts aus dem Ort. Sie geht nach einem Kilometer geradewegs in eine schmale Straße über und bringt uns zur nahen Landstraße. Auf dem Radweg fahren wir rechts bis nach **Heudorf** (Rad-Ww. Bad Buchau). Im Ort überqueren wir bei erster Gelegenheit die Hauptstraße (Rad-Ww. Bad Buchau) und radeln auf der *Friedhofstraße* zu einem kleinen Platz. Wir halten uns rechts (Rad-Ww. Bad Buchau) und biegen nach einem Torbogen nach links in den *Eulengrubenweg*. Vorbei am Schlößchen radeln wir über einen Hügelkamm einen Kilometer geradeaus. Bevor die Abfahrt in das nahe Burgau steiler wird, biegen wir rechts in eine schmale Teerstraße. Nach einem Kilometer erreichen wir eine Kreuzung, von der wir links in das nahe **Dürmentingen** fahren. Hinter einer Kirche links und nach wenigen Metern rechts zur Hauptstraße hinab. Auf ihr radeln wir links in das Ortszentrum und biegen dort erneut links auf die nach Betzenweiler ausgeschilderte Hochbergstraße.

Sie bringt uns aufwärts aus dem Ort. 200 Meter nach dem Ortsende biegen wir

🚴 Von Riedlingen zum Federsee — 17

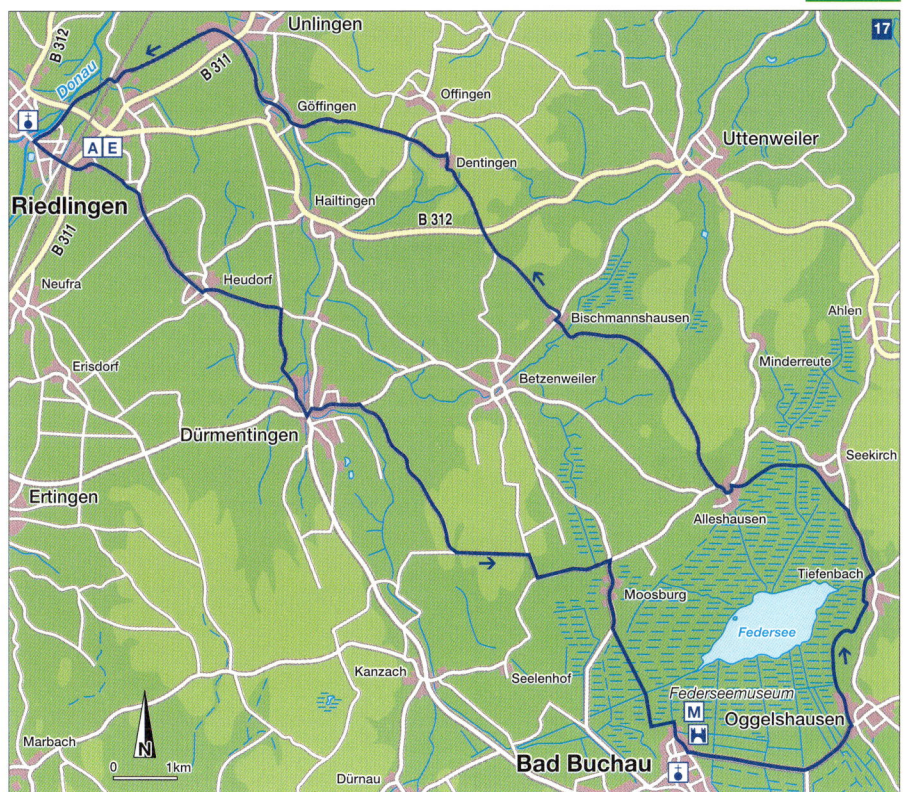

rechts in den *Fasanenhofweg*. Nach dem Fasenenhof wechseln wir auf einen Kiesweg, der uns geradewegs in den Wald führt. Wir radeln immer geradeaus, bis sich unsere Forststraße vor einem Querweg gabelt. Wir halten uns links und schwenken dann links auf den Hauptweg ein (nicht scharf links auf einen Nebenweg). Er führt anfangs bergauf und gabelt sich nach 1,1 Kilometern wenige Meter vor einer Forststraße. Wir halten uns rechts und treffen am Waldrand auf eine Teerstraße. Sie leitet uns links zu einer Kreuzung am Ortsrand von **Moosburg.** Wir biegen rechts auf die Hauptstraße und radeln durch das langgezogene Dorf bis zum Gasthof Adler. Hier finden wir links einen schmalen Teerweg (Rad-Ww. Bad Buchau), der uns durch das Federseeried bis zu einer Wegkreuzung kurz vor **Bad Buchau** führt. Wir halten uns links und radeln nach einem Parkplatz rechts zum Federseemuseum, das am Ortsrand von Bad Buchau liegt. Der in einem von Gletschern geschaffenen Becken liegende **Federsee** ist heute von weiten Riedflächen eingefaßt und zählt zu den bedeutendsten Vogelschutzgebieten in Deutschland. Seit der Steinzeit war das Gebiet um den See, der damals eine wesentlich größere Fläche einnahm, von Menschen besiedelt. In der Bronzezeit (18. bis 9. Jahrhundert v. Chr.) entstanden zwei Siedlungen, die westlich von Buchau

17 Von Riedlingen zum Federsee

Kurz vor Alleshausen leitet uns eine schmale Allee durch das weite Federseebecken, das von Eiszeitgletschern in das oberschwäbische Hügelland geschürft wurde.

ausgegraben werden konnten. Die jüngere war eine auf einer Insel errichtete Wasserburg. Eine Anzahl von Wohn- und Wirtschaftsgebäuden wurde durch einen starken
Palisadenzaun geschützt. Das Federseemuseum zeigt eindrucksvolle Exponate zur frühen Besiedlung am Federsee.
Kurz nach dem Federseemuseum biegen wir in die erste Straße links ein und radeln unterhalb des Barockschlosses, in dem heute eine Klinik untergebracht ist, bis zu einer Vorfahrtsstraße. Scharf rechts führt ein kurzer Abstecher zum Marktplatz und zum Schloß. Wir radeln auf der Hauptstraße nach links und dann auf einem Kiesradweg bis nach **Oggelshausen.** Am Ortsrand knickt die Hauptstraße nach rechts, und wenige Meter weiter biegen wir links ab (bis Alleshausen Ww. Federseerundweg). Nun radeln wir immer geradeaus bis zu den ersten Häusern von **Tiefenbach.** Dort biegen wir links auf einen Kiesweg, der nach wenigen Metern nach rechts schwenkt, geradewegs in eine schmale Straße übergeht und uns am Dorfrand entlang zur Hauptstraße führt. Wir fahren auf dem Radweg nach links und biegen nach einem Kilometer an einem Parkplatz links auf ein Teersträßchen. Wir radeln geradewegs durch die Äcker und an dem Hügel vorbei, auf dem **Seekirch** mit seiner hübschen Barockkirche liegt. Wir biegen bald links in einen schmalen Kiesweg, der uns an den Ortsrand von **Alleshausen** führt. Bei den er-

Von Riedlingen zum Federsee 17

sten Häusern verlassen wir den Federseerundweg, radeln kurz rechts hoch und danach linkshaltend zur Hauptstraße. Auf ihr links durch das Dorf und am Ortsrand rechts auf eine schmale Teerstraße (ab hier Rad-Ww. Riedlingen). Wir folgen der Straße geradewegs und stoßen nach vier Kilometern in **Bischmannshausen** auf eine Hauptstraße.

Auf ihr kurz nach rechts und dann links in die nach *Offingen* ausgeschilderte Strasse. Nach 1,5 Kilometern überqueren wir die B312 und fahren nach einem weiteren Kilometer geradewegs durch **Dentingen.** Das Dorf liegt am Fuße des 767 Meter hohen *Bussen*, dessen Gipfel eine 1516 erbaute Wallfahrtskirche markiert. Am Ortsende biegen wir links in die *Hailtinger Straße* und radeln nach 500 Metern direkt über die Hauptstraße.

Die schmale, aussichtsreiche Straße leitet uns geradewegs teils steil bergab nach **Göffingen.** Vor dem Fluß kurz nach links und dann rechts über die Kenzach. Nach der Brücke wieder rechts und auf schmaler Straße, die Kreisstraße überquerend, nach **Unlingen.**

Im Ort radeln wir geradeaus über die B311 in die *Theodor-Selig-Straße* und auf ihr durch das Dorf. Am Ortsrand wird sie zu einem schmalen Sträßchen, das uns geradewegs zum riedlinger Ortsteil **Eichenau** führt. Wir fahren auf der *Hofstraße* geradeaus und an ihrem Ende rechts über die Gleise. Kurz nach der Bahnlinie halten wir uns links und erreichen nach 200 Metern eine Weggabelung am Ufer der Schwarzach. Wir fahren rechts über das Brückchen und geradewegs bis zur Donaubrücke in **Riedlingen.** Rechts steigt über dem breiten Fluß die schöne Altstadt von Riedlingen an. Links führt die Hauptstraße zurück zum Bahnhof.

 Radverleih
In Riedlingen.

Einkehrmöglichkeiten
In Dürmentingen, Moosburg, Bad Buchau, Oggelshausen, Tiefenbach, Seekirch, Unlingen und Riedlingen.

 Öffnungszeiten
• *Federseemuseum:* 16. März – 31. Oktober, 9.30 – 17 Uhr; 1. November – 15. März, Mi, Sa und So 10.30 – 16.30 Uhr.

 Auskunft
• Riedlingen: Verkehrsamt, Tel. (07371) 18312.

Landkarten
LVA-Wanderkarte Blatt 20 »Sigmaringen – Ehingen«.

Von einem Hügel schaut die hübsche Barockkirche von Seekirch auf den von Riedflächen gesäumten Federsee.

18

18 Zur Heuneburg bei Hundersingen

Riedlingen – Heiligkreuztal – Hundersingen – Heuneburg – Binzwangen – Riedlingen

 Ausgangsort und Anfahrt
Der Bahnhof in Riedlingen. Riedlingen liegt im Donautal an der Kreuzung der B312 mit der B311. Bahnanschluß.

 Zielpunkt
Die Tour führt zum Ausgangspunkt zurück.

 Gesamttourenlänge
30,5 km.

 Zeitbedarf
2 ½ Stunden.

 Etappen
Riedlingen – Heiligkreuztal: 8,5 km.; Heiligkreuztal – Hundersingen: 8,5 km.; Hundersingen – Riedlingen 13 km.

 Steigungen
190 Höhenmeter, verteilt auf mehrere kurze Anstiege.

 Geländestruktur
Großteils flache oder leichtgewellte Landschaft am Rande der Donauniederung.

 Sehenswertes
• *Riedlingen:* Altstadt. • *Heiligkreuztal:* Kloster. • *Hohmichele:* Keltische Grabhügel und Kultstätte. • *Hundersingen:* Heuneburgmuseum. • *Heuneburg:* Keltische Fürstensiedlung und Grabhügel.

Die heutige Runde führt uns vom reizvollen Donaustädtchen Riedlingen (siehe Tour 17) nach Süden in kulturträchtige Landschaft. Vor dem *Bahnhof* von **Riedlingen** radeln wir links zur *Hauptstraße* und auf ihr rechts bis zur Donaubrücke vor der Altstadt. Wir biegen links ab (Ww. Gammertingen, Langenenslingen) und fahren nach 200 Metern rechts über die Donau (ab hier Rad-Ww. Donau-Radwanderweg). Unmittelbar nach der Brücke zweigen wir links auf eine schmale Teerstraße ab und folgen ihr bis zu einer Kreuzung. Wir halten uns links und biegen an der nächsten Kreuzung links ab. Nach 300 Metern schwenkt der Radweg nach rechts, und wir folgen dem Teersträßchen geradewegs, bis wir am Ortsrand von **Altheim** auf eine Vorfahrtstraße treffen. Sie bringt uns links zu einer Kreuzung im Ortszentrum.

Wir radeln auf der *Donaustraße* rechts hinauf (Rad-Ww. Heiligkreuztal) und biegen nach 100 Metern links in die *Schillerstraße* ein, die uns zur Hauptstraße am Ortsrand leitet. Auf der Hauptstraße radeln wir 500 Meter nach links und finden an der Stelle, an der der Radweg endet, rechts eine schmale Teerstraße. 2,5 Kilometer fahren wir an allen Kreuzungen gerade durch, bis wir etwa 200 Meter nach einem rechts des Weges gelegenen Baggersee links in eine schmale Teerstraße einbiegen. Nun geradeaus sanft aufwärts, bis wir vor einer Kapelle auf eine Vorfahrtsstraße stoßen. Auf ihr radeln wir nach rechts in das nahe **Heiligkreuztal.**

🚴 Zur Heuneburg bei Hundersingen — 18

Nahe der einzigartigen Heuneburg errichteten die Kelten mächtige Grabhügel, in denen einstmals wohl die Herrscher der nahen Verteidigungsanlage beigesetzt wurden.

Wir überqueren geradewegs die Hauptstraße und radeln durch einen Torbogen. Nach kurzer Fahrt öffnet uns rechter Hand ein Tor den Weg in den von Wirtschaftsgebäuden umgebenen Klosterbezirk. Anfang des 13. Jahrhunderts wurde das Frauenkloster der Zisterzienser gegründet, das schnell großen Wohlstand erlangte. In der 1256 geweihten frühgotischen Basilika besticht das herrliche, Anfang des 14. Jahrhunderts geschaffene Ostfenster. An den Wänden blieben Fresken aus dem 14. Jahrhundert erhalten und den Chor und den Kreuzgang malte 1532 der Meister von Meßkirch aus. Heiligkreuztal zählt nach aufwendigen Renovierungsarbeiten zu den am besten erhaltenen mittelalterlichen Frauenklöstern in Baden-Württemberg.

Wir verlassen auf dem Weg, den wir gekommen waren, den Klosterbereich. Nach dem ersten Torbogen wenden wir uns nach rechts und radeln durch ein weiteres Tor und am Mühlweiher vorbei. Nach dem Bach fahren wir linkshaltend zu einer Kreuzung, halten uns dort wieder links (Rad-Ww. Donau-Radwanderweg) und an der folgenden Kreuzung vor einem Brunnen rechts. Wir verlassen geradewegs Heiligkreuztal (Ww. Dollhof) und radeln auf dem Teersträßchen zum Waldrand hinauf. Hier finden wir unmittelbar links der Straße die mächtigen Wälle einer *Keltenschanze*. Ursprünglich wurden diese Schanzen für Wehrbauten gehalten. Es ist heute jedoch bewiesen, daß es sich bei diesen Anlagen um keltische Kultstätten handelt.

An der Weggabelung nahe der Schanze folgen wir dem Teersträßchen nach rechts und wechseln nach wenigen Metern geradewegs auf eine gute Sandstraße. Jetzt radeln wir permanent gerade auf dem guten Hauptweg im Auf und Ab über die bewaldeten Höhenrücken. Nach etwa vier Kilometern läuft die Sandstraße kurz etwas steiler abwärts, und steigt dann nochmals wenige Meter an. Anschließend lassen wir die Räder rund 250 Meter zu einer Forstwegkreuzung hinabrollen, von der wir schon das freie Gelände der Pfaffenwiesen erkennen können. Dort biegen

18 Zur Heuneburg bei Hundersingen

wir links ein (Ww. Lehrpfad Hohmichele-Heuneburg, aus unserer Richtung nicht zu sehen) und radeln auf der Forststraße 300 Meter auf den schon sichtbaren Grabhügel des Hohmichele zu. Umgeben von weiteren Grabhügeln und einer Viereckschanze, zählt der im 6. Jahrhundert v. Chr. aufgeschüttete **Hohmichele** zu den größten seiner Art in Mitteleuropa und enthielt wohl das Grab eines keltischen Fürsten.

Von der Kreuzung vor dem Grabhügel lassen wir die Räder rechts abwärts rollen und stoßen am Waldrand auf eine schmale Teerstraße, auf die wir links einbiegen. Das Sträßchen leitet uns in einen weitgeschwungenen Talgrund (Rad-Ww. Saulgau) und in zwei kurzen Anstiegen hinauf an den Ortsrand von **Hundersingen.** 100 Meter nach dem Ortsschild biegen wir links in die Scheuerstraße (Ww. Heuneburgmuseum) und treffen nach kurzer Fahrt auf eine Vorfahrtsstraße. Gegenüber liegt das Heuneburgmuseum im renovierten Zehntstadel des Klosters Heiligkreuztal, vor dessen Fassade keltische Grabstellen aufgebaut sind. Es bietet dank der reichen Funde aus der Umgebung informative Einblicke in die keltische Kultur.

Vor dem Museum führt uns der Weiterweg auf der wenig befahrenen Hauptstraße nach links durch die flachen Felder. Nach kurzer Fahrt überragt rechts der kreuzgeschmückte Hügel der Baumburg die Wiesen, zu dem ein kurzer Abstecher (die letzten 100 Meter zu Fuß) möglich ist. Im Mittelalter erbaute man auf dem mächtigen keltischen Grabhügel eine kleine Turmburg. Unser Weg folgt weiter-

Auf einem Hügel am Nordufer der Donau liegt die beschauliche Altstadt von Riedlingen, die einen Abstecher wert ist.

Zur Heuneburg bei Hundersingen 18

hin der Hauptstraße, bevor wir zwei Kilometer nach dem Museum den Parkplatz an der Heuneburg erreichen. Vom Parkplatz radeln wir ca. 200 Meter nach rechts, ehe uns links ein Kiesweg zur nahen **Heuneburg** bringt (Ww. Heuneburg). Schon in der Bronzezeit (1500 v. Chr.) umgab ein Befestigungswall den gut zu verteidigenden Vorprung über dem Donautal. Mitte des ersten vorchristlichen Jahrtausends übernahmen die Kelten diesen Platz und errichteten mehrere Befestigungsanlagen, darunter eine nördlich der Alpen einzigartige Ziegelmauer nach mediterranem Vorbild. In der Fürstenburg blühte das Handwerk, und von den weitreichenden Handelsbeziehungen vor über 2000 Jahren zeugen Reste chinesischer Seide, die man in der Heuneburg fand. Nach langer Ruhezeit wurde die Burg im 9. und 10. Jahrhundert n. Chr. während der Zeit der Ungarneinfälle nochmals ausgebaut.

Von der Heuneburg radeln wir zurück zur Hauptstraße und auf ihr, vorbei an den mächtigen Grabhügeln am Gießübel, nach rechts (Rad-Ww. Riedlingen, Ulm) in den Wald. Die Straße läuft bald durch Felder sanft abwärts und bringt uns ungefähr zwei Kilometer nach der Heuneburg zu einer Kreuzung, an der wir die Räder rechts in das nahe **Binzwangen** rollen lassen. Wir stoßen auf die Hauptstraße, die uns kurvig durch den Ort in das Donautal hinabführt. Kurz vor der Donaubrücke biegen wir links in die *Donaustraße* (ab hier meist Rad-Ww. Donau-Radwanderweg) und radeln einen Kilometer am Flußufer entlang nach Norden. Unterhalb eines ausgeprägten Bergsporns, auf dem einstmals eine Burg stand, schwenkt der geteerte Weg nach links vom Ufer weg. Wir radeln gut einen Kilometer immer gerade durch, bis wir bei einem kleinen Feldkreuz auf einem Quersträßchen nach links auf **Waldhausen** zufahren.

Nach 100 Metern halten wir uns bei erster Gelegenheit rechts und folgen geradewegs einem Teersträßchen bis zu seinem Ende. Hier 200 Meter auf einem Teerweg nach links und dann wieder nach rechts. Jetzt immer geradeaus, bis wir kurz nach dem Biberbach am Ortsrand von **Altheim** auf eine Vorfahrtsstraße treffen. Auf ihr radeln wir links durch den Ort sanft aufwärts und biegen nach 400 Metern rechts in den *Sandgrubenweg*. Nun folgen wir dem schon von der Hinfahrt bekannten Weg. Nach weiteren 400 Metern weist uns am Ortsrand der Wegweiser des Donau-Radwanderweges rechts in eine schmale Teerstraße. Kurz vor der Donau auf einer Querstraße nach links und an der nächsten Kreuzung rechts nach **Riedlingen**. An der ersten Kreuzung im Ort auf schmaler Straße am Donauufer entlang nach rechts, dann rechts über die erste Brücke und links zum Stadtzentrum. Bald baut sich links über der Donau die Altstadt von Riedlingen auf. Rechts führt die Hauptstraße zurück zum Bahnhof.

Radverleih
In Riedlingen.

Einkehrmöglichkeiten
In Riedlingen, Altheim, Heiligkreuztal, Hundersingen, und Binzwangen.

Öffnungszeiten

• *Hundersingen:* Heuneburgmuseum, Sonn- und feiertags 10 – 12 und 13 – 17 Uhr, April bis Oktober Di – Sa 13 – 16.30 Uhr, Juli und August zusätzlich Di – Sa 10 – 12 Uhr.

Auskunft
• Riedlingen: Verkehrsamt, Tel. (07371) 18312.

Landkarten

LVA Wanderkarte Blatt 20 »Sigmaringen - Ehingen«.

19 Rund um Veringenstadt

Veringenstadt – Veringendorf – Jungnau – Egelfingen – Inneringen – Hermentingen – Veringenstadt

 Ausgangsort und Anfahrt
Das Ortszentrum von Veringenstadt. Veringenstadt liegt 12 Kilometer nördlich von Sigmaringen an der B32. Bahnanschluß.

 Zielpunkt
Die Tour führt zum Ausgangspunkt zurück.

 Gesamttourenlänge
29 km.

 Zeitbedarf
3 Stunden.

 Etappen
Veringenstadt – Jungnau: 6,5 km; Jungnau – Egelfingen: 8 km; Egelfingen – Inneringen: 5 km; Inneringen – Veringenstadt: 9,5 km.

 Steigungen
300 Höhenmeter. Nach Jungnau ein längerer Anstieg.

 Geländestruktur
Angenehmes Fahrradgelände im Lauchertal und einiges Auf und Ab auf der Albhochfläche.

 Sehenswertes
• *Veringenstadt:* Altstadt, Burgruine und Höhlen. • *Veringendorf:* St.-Michaels-Kirche. • *Jungnau:* Burgruine.

In einer engen, von Felswänden überragten Flußschleife der Lauchert liegt das kleine Städtchen Veringenstadt. In der Altstadt steht das im 15. Jahrhundert erbaute Fachwerk-Rathaus, in dem ein interessantes Heimatmuseum untergebracht ist. Hier sind Funde aus den nahen, von Steinzeitmenschen bewohnten Höhlen ausgestellt. Über der Stadt ragen die Reste der im 12. Jahrhundert errichteten Burg auf. Erhalten blieben ein romanisches Tor, Teile eines Wohnturms und die Burgkapelle, die mit wertvollen spätgotischen Fresken ausgemalt ist. Nahe der Burg findet man im Steilhang über der Lauchert das weite Portal der *Gopfsteinhöhle*. Dort wurden, ebenso wie in der auf der anderen Talseite liegenden Nikolaushöhle, Reste von Eiszeittieren und Werkzeuge früher Steinzeitmenschen gefunden.

Im alten Ortskern von **Veringenstadt** radeln wir auf der Hauptstraße in Richtung Sigmaringen über die *Lauchertbrücke*, die die Statue eines Neandertalers schmückt. Am Ortsende hilft uns rechts ein Brückchen über den Fluß (bis Jungnau Rad-Ww. Sigmaringen), und auf schmaler Teerstraße fahren wir unter der Bundesstraße durch. An einer Weggabelung halten wir uns links und folgen den Gleisen, die wir nach 800 Metern überqueren. Wir bleiben weiterhin an der Bahnlinie, bis wir nach dem Bahnhof von **Veringendorf** auf eine Straße treffen. Auf ihr links zur B32, wenige Meter nach rechts und dann links in das Dorf (Ww. Hochberg). Auf der Hauptstraße radeln wir bis zu einer Kreuzung, an der es geradewegs zum Gotteshaus von Veringendorf hinabgeht. Die

Rund um Veringenstadt 19

Michaelskirche gilt als älteste in Hohenzollern. Bei Grabungen wurden Fundamente einer ersten, frühchristlichen Kirche gefunden. Im 11. Jahrhundert entstand eine romanische Basilika, die im 14. Jahrhundert verändert wurde. Im 18. Jahrhundert wurde das Kirchenschiff neu erbaut. Vor dem Chor, der mit hervorragenden frühgotischen Fresken ausgemalt ist, hängt ein großes romanisches Kruzifix. Beachtenswert sind außerdem zwei spätgotische Holzfiguren. Unser Weg biegt an der Kreuzung 300 Meter vor der Kirche links ab (Ww. Hochdorf) und folgt der Straße, bis sie nach 500 Metern kurz vor dem Ortsende nach links umbiegt. Wir wechseln geradeaus auf einen Kiesweg, der uns zur Bahnlinie hinabführt. Wir bleiben links der Gleise und radeln bald im Bogen durch die Wiesen auf Jungnau zu. Am Ortsrand von **Jungnau** treffen wir auf eine Straße, die rechts über die Gleise in das Ortszentrum führt. Dort überragt der Turm einer im 12. Jahrhundert erbauten Burg die engen Gassen und das Kirchlein mit seinem schiefen Turm.
Der Weiterweg leitet uns hier aber nach links hinauf. An der Weggabelung vor dem Friedhof halten wir uns links und nach 100 Metern rechts. Wir folgen immer dem Teersträßchen, das meist sanft durch das Geißental aufwärts führt. Kurz vor **Hochberg** schwenken wir linkshaltend auf eine Straße und radeln geradewegs in den Ort. Neben der Kirche biegen wir rechts auf die Hauptstraße ein (Ww. Riedlingen), die uns in vier Kilometern geradewegs nach **Egelfingen** leitet.
Bevor wir in den Ort radeln, zweigen wir scharf links auf eine schmale Teerstraße ab (Ww. Inneringen). Nach 1,5 Kilometern treffen wir auf eine Querstraße, auf die wir rechts einbiegen (Rad-Ww. Inneringen). An der nächsten Wegkreuzung am besten geradeaus und in weitem Bogen

Ein letzter Blick geht zum Kirchturm von Inneringen, ehe die Abfahrt von der Albhochfläche hinab in das Lauchertal beginnt.

83

19 Rund um Veringenstadt

aufwärts zur barocken Maria-Nötenwang-Kapelle. An der Kreuzung am höchsten Punkt fahren wir geradeaus Richtung Inneringen und nach 800 Metern linkshaltend zur Landstraße, die wir geradewegs überqueren. In **Inneringen** treffen wir auf eine vorfahrtsberechtigte Straße, die uns links in das Zentrum bringt. Dort radeln wir auf der Hauptstraße nach rechts (Ww. Gammertingen) und biegen vor der Kirche links in die nach Hettingen ausgeschilderte Straße.

Am Ortsrand finden wir links eine schmale Straße (Ww. Veringenstadt-Hermentingen), die uns geradewegs in fünf Kilometern hinab nach **Hermentingen** führt. Wir radeln über die B32 in den Ort und biegen vor der kleinen Kirche, die mit gotischen Fresken aus dem 14. und 15. Jahrhundert ausgemalt ist, nach links (Rad-Ww. Veringenstadt). An der folgenden Gabelung halten wir uns links und fahren an der Gallus-Quelle vorbei aus dem Dorf. Ein Kiesweg bringt uns an der rechten Talseite zur Bahnlinie, unter der uns ein schmaler Weg hindurchführt. Nun folgen wir immer dem Lauchertufer, bis wir auf die Hauptstraße treffen, auf der wir links in das Zentrum von **Veringenstadt** radeln.

So wie diese Skulptur hier an der Lauchertbrücke mag vor 50 000 Jahren ein Neandertaler vor der nahen Gopfsteinhöhle gesessen haben.

Einkehrmöglichkeiten
In Veringenstadt, Veringendorf, Egelfingen, Inneringen und Hermentingen.

Öffnungszeiten
• *Veringenstadt:* Heimatmuseum, Mo – Fr 8 – 12 und 14 – 16 Uhr.

Auskunft
• Veringenstadt: Bürgermeisteramt, Tel. (07577) 3254.

Landkarten
LVA-Wanderkarte Blatt 20 »Sigmaringen – Ehingen«.

20 Das Laucherttal Gammertingen

Gammertingen – Hettingen – Harthausen – Trochtelfingen – Mägerkingen – Gammertingen

 Ausgangsort und Anfahrt
Der Bahnhof in Gammertingen. Gammertingen liegt 27 Kilometer nördlich von Sigmaringen am Kreuzungspunkt der B32 mit der B312. Bahnanschluß.

 Zielpunkt
Die Tour führt zum Ausgangspunkt zurück.

 Gesamttourenlänge
41,5 km.

 Zeitbedarf
4 Stunden.

 Etappen
Gammertingen – Hettingen: 10 km; Hettingen – Harthausen: 12 km; Harthausen – Trochtelfingen: 9,5 km; Trochtelfingen – Gammertingen: 10 km.

 Steigungen
340 Höhenmeter. Nach Hettingen ein langgezogener Anstieg.

 Geländestruktur
Flaches Fahrradgelände in den Flußtälern und hügelige Landschaft auf der Albhochfläche.

 Sehenswertes
• *Gammertingen:* Schloß von 1777, heute Rathaus. • *Hettingen:* Schloß, Pfarrkirche und Marienkapelle. • *Trochtelfingen:* Altstadt mit Schloß, Pfarrkirche, Rathaus und Rundturm.

Wir beginnen unsere Tour in **Gammertingen** nahe dem Bahnhof an der Kreuzung der B32 mit der B312. Wir radeln auf der B32 in Richtung Neufra. Die Bundesstraße schwenkt nach 300 Metern nach rechts und wir fahren geradewegs in die *Alte Steige*. Nach wenigen Metern biegen wir links in die Straße »*Ölberg*« (bis in das Fehlatal Wander-Ww. Fehlatal). Nach 250 Metern zweigen wir rechts auf die **Hochbergstraße** ab und radeln über die Bahngleise. Nach wenigen Metern biegen wir links in die *Achalmstraße* und fahren nahe der Bahnlinie aufwärts. Nach 400 Metern finden wir links einen schmalen Teerweg, der uns unter der Umgehungsstraße hindurchführt. Wir erreichen eine Straße, auf der wir linkshaltend bis zu einer Querstraße am Waldrand hinaufradeln. Auf ihr nach links und vor einer Kapelle wieder links. Wir überqueren die Bahnlinie, halten uns nach 100 Metern rechts und lassen die Räder auf der schmalen Teerstraße in das *Tal der Fehla* hinabrollen.

Geradeaus über eine erste Kreuzung und dann an der nächsten Weggabelung linkshaltend am westlichen Rand der Talaue entlang (Ww. Birkenhof). An der folgenden Gabelung halten wir uns links und folgen dem malerisch gewundenen Tallauf der Fehla. Nach 3,5 Kilometern wechseln wir geradewegs auf ein Teersträßchen und fahren an der Wegkreuzung hinter der Brücke rechts an den Gleisen entlang (Rad-Ww.).

Am Ortsrand von **Hettingen** überqueren wir die Gleise und treffen auf die B32. Auf ihr fahren wir links in das im 13. Jahrhundert gegründete Städtchen. Im Zentrum steht die spätgotische Pfarrkirche, die im 15. Jahrhundert mit Fresken ausgemalt wurde. Auf dem Hügel über der Stadt ragen das Anfang des 18. Jahrhunderts erbaute Schloß und Reste einer mittelalterlichen Burg auf. Wir folgen der Bundesstraße nur 300 Meter und biegen hinter der Marienkapelle, in der sich eine spätgotische Marienfigur befindet, rechts auf die Straße »Im Tal«. An der nächsten Gabelung halten wir uns links und radeln unterhalb des Schlosses geradewegs talauf. Die Teerstraße schwenkt bald rechts über

20 Das Laucherttal Gammertingen

rechts und an der Kreuzung vor der barocken Kirche, in der sich eine wertvolle spätgotische Muttergottes befindet, geradeaus (Ww. Harthausen) in das nahe **Harthausen.** Wir fahren geradeaus durch das Dorf und wechseln am Ortsende geradewegs auf eine Nebenstraße (Ww. Steinhilben).

Im Auf und Ab folgen wir der Straße über die kuppige Hochfläche, bis wir nach drei Kilometern an einem Rastplatz unterhalb Steinhilben links auf einen Feldweg einbiegen. Er leitet uns von einer Weggabelung rechts zur Hauptstraße, auf der wir links nach **Steinhilben** hinaufradeln. An der Kreuzung im Ortszentrum fahren wir auf der Vorfahrtsstraße rechts (Ww. Oberstetten) zur nahen Kirche. Wir radeln links am Kirchenportal vorbei und finden hinter dem Gotteshaus eine schmale Gasse, die am Friedhof entlang läuft. Nach 200 Metern biegen wir links in die *Fürstenbergstraße,* die uns abwärts aus dem Ort führt.

An der Kreuzung nach dem Ortsende biegen wir links in ein Teersträßchen, das uns geradewegs zum Ortsrand von **Trochtelfingen** leitet. Wir fahren unter der Bundesstraße hindurch und nach wenigen Metern links durch den Ort. Nach 400 Metern biegen wir rechts auf die Hauptstraße und radeln auf ihr durch die malerische Altstadt von Trochtelfingen. Der denkmalgeschützte Stadtkern mit seinen Fachwerkhäusern aus dem 17. und 18. Jahrhundert war einst von einer Wehrmauer umgeben, von der ein mächtiger Turm erhalten blieb.

Das Schloß mit den markanten Staffelgiebeln wurde 1450 erbaut. Die Mitte des 15. Jahrhunderts auf romanischem Vorgängerbau errichtete Pfarrkirche St. Martin ist mit gotischen Fresken ausgemalt. Am *Schloß* halten wir uns links (Ww. Mägerkingen) und verlassen die Stadt. An

den Talgrund und führt im Rechtsbogen in ein Seitental.

Wir radeln jetzt geradewegs aufwärts auf die Hochfläche, und nach 2,4 Kilometern endet das befestigte Sträßchen an einem Querweg mit betonierter Wagenspur. Auf ihm nach rechts und nach 900 Metern an einer Wegkreuzung links zur nahen Hauptstraße. Auf ihr radeln wir nach links und bald unter der Landstraße durch. 50 Meter nach der Auffahrt zur Landstraße finden wir links einen Forstweg. Auf ihm geradeaus durch den Wald und nach 1,2 Kilometern auf einem Querweg nach links. Nach hundert Metern halten wir uns rechts und radeln immer geradeaus, bis wir in **Feldhausen** auf die Hauptstraße treffen. Auf ihr fahren wir nach

Das Laucherttal Gammertingen 20

Der denkmalgeschützte Stadtkern von Trochtelfingen mit den Fachwerkhäusern aus dem 17. und 18. Jahrhundert war einst von einer Wehrmauer umgeben.

Das Laucherttal Gammertingen

der Bahnlinie finden wir rechts einen schmalen Teerweg, der uns nahe der Gleise bis nach **Mägerkingen** führt. Am Ortsrand treffen wir auf eine Vorfahrtsstraße, die uns rechts zur Kirche führt. Hier wechseln wir rechtshaltend auf die Hauptstraße und folgen ihr, bis sie am Ortsrand ansteigt. Wir biegen links in den *Hauweg* und radeln geradewegs unter der Landstraße hindurch zum *Lauchertsee*. Am Ufer nach rechts, nach einer Brücke links auf einen Kiesweg und am Ende des Sees geradeaus. Nun fahren wir am rechten Talrand geradeaus, bis wir unterhalb von Mariaberg auf die B312 treffen. Anfangs rechts, dann links der Bundesstraße leitet uns ein Radweg nach **Bronnen.** Wir fahren auf der Bundesstraße durch den Ort und an der Linkskurve am Ortsende geradewegs auf einen Kiesweg (Rad-Ww. Gammertingen). Er führt uns am Talrand entlang und dann links unter der Bahnlinie hindurch. Am Stadtrand von **Gammertingen** fahren wir an einer ersten Kreuzung rechts hoch und dann auf der Bundesstraße links in das Stadtzentrum zurück.

Radverleih
In Gammertingen und Trochtelfingen.

Einkehrmöglichkeiten
In Gammertingen, Hettingen, Harthausen, Steinhilben, Trochtelfingen, Mägerkingen und Bronnen.

Auskunft
• Gammertingen: Stadtverwaltung, Tel. (07574) 4060. • Trochtelfingen: Verkehrsamt, Tel. (07124) 4821.

Landkarten
LVA-Wanderkarte Blatt 20 »Sigmaringen – Ehingen«.

Im Spätherbst bieten die Auwiesen im Laucherttal den Schafen, die im Sommer auf meist trockenen Hängen grasen, eine ungewohnt satte Weide.

21 Im Schatten von Schloß Hohenzollern

Haigerloch – Stetten – Engstlatt – Burg Hohenzollern – Bisingen – Weilheim – Rangendingen – Schloß Haigerloch

 Ausgangsort und Anfahrt
Die Brücke über die Eyach am Fuße der Altstadt von Haigerloch. Haigerloch liegt 14 Kilometer westlich von Hechingen.

 Zielpunkt
Die Tour führt zum Ausgangspunkt zurück.

 Gesamttourenlänge
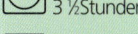 37 km.

Zeitbedarf
3 ½ Stunden.

 Etappen
Haigerloch – Bisingen: 16 km; Bisingen – Rangendingen: 11,5 km; Rangendingen – Haigerloch: 9,5 km.

 Steigungen
390 Höhenmeter. Vor Engstlatt ein steiler Anstieg.

 Geländestruktur
Im Auf und Ab über die Hügel und durch die Täler unterhalb der Burg Hohenzollern.

Sehenswertes
• *Haigerloch:* Altstadt mit Nikolaikirche und Römerturm und Schloß Haigerloch mit Schloßkirche.

Unterhalb der Altstadt von **Haigerloch** radeln wir auf der Brücke über die Eyach (Ww. Rangendingen, Hechingen) und auf der Hauptstraße aufwärts aus dem Tal. Nach 900 Metern biegen wir rechts ab (bis Engstlatt Rad-Ww. Balingen), und ein Radweg führt uns nach **Stetten.** Kurz nach dem Ortsschild biegen wir links in den *Heerweg* ein. An seinem Ende fahren wir kurz nach rechts und nach 50 Metern links in die *Lehrstraße.* Wir radeln über die Bahnlinie und geradewegs bis vor eine Brücke am Ortsrand von **Owingen**. Hier fahren wir nach links und halten uns nach 150 Metern rechts. An der folgenden Kreuzung wieder rechts und über die Eyach. Vor der Landstraße radeln wir auf dem Kiesweg, der bald in einen Radweg übergeht, nach links. Nach kurzer Fahrt unternehmen wir einen Abstecher zur romanischen **Weilerkirche,** die auf den Resten einer älteren Kirche erbaut wurde und als eines der ältesten Gotteshäuser in Hohenzollern gilt.

Wir fahren anschließend zurück zur Landstraße und auf dem Fahrradweg nach links, bis wir nach 2,3 Kilometern eine Kreuzung erreichen. Links (Ww. Engstlatt) am *Gasthaus zum Kühlen Grund* vorbei und dann rechts auf eine Nebenstraße, die uns steil bergauf führt. Nach 1,5 Kilometern radeln wir unter der Schnellstraße hindurch und dann rechts nach **Engstlatt** hinein.

Wir folgen der Hauptstraße, bis wir links in die *Meisterstraße* einbiegen (bis Bisingen Rad-Ww. Bisingen, Hechingen). Wir fahren geradeaus und zweigen nach der Bahnlinie links auf die *Sonnenbergstraße* ab. Auf ihr im Bogen aufwärts, dann links in die *»Grafenhalde«* und nach 70 Metern erneut links auf eine schmale Teerstraße. Auf ihr queren wir den aussichtsreichen Hang des Leimberges und biegen nach 900 Metern rechts in einen Teerweg, der nach einem kurzen Anstieg nach links umknickt. Wir fahren jetzt geradeaus auf das *Schloß Hohenzollern* zu, die über Bisingen aufragt. Am Ortsrand von **Bisingen** radeln wir geradeaus in den *Baumgartenweg,* der uns zu einer breiteren Straße bringt. Links leitet sie uns in Kurven durch den Ort zu einer Vorfahrtsstraße, auf die wir geradewegs überwechseln. Sie leitet bergab zur Bahnlinie und dann geradeaus aus dem Ort

21 Im Schatten von Schloß Hohenzollern

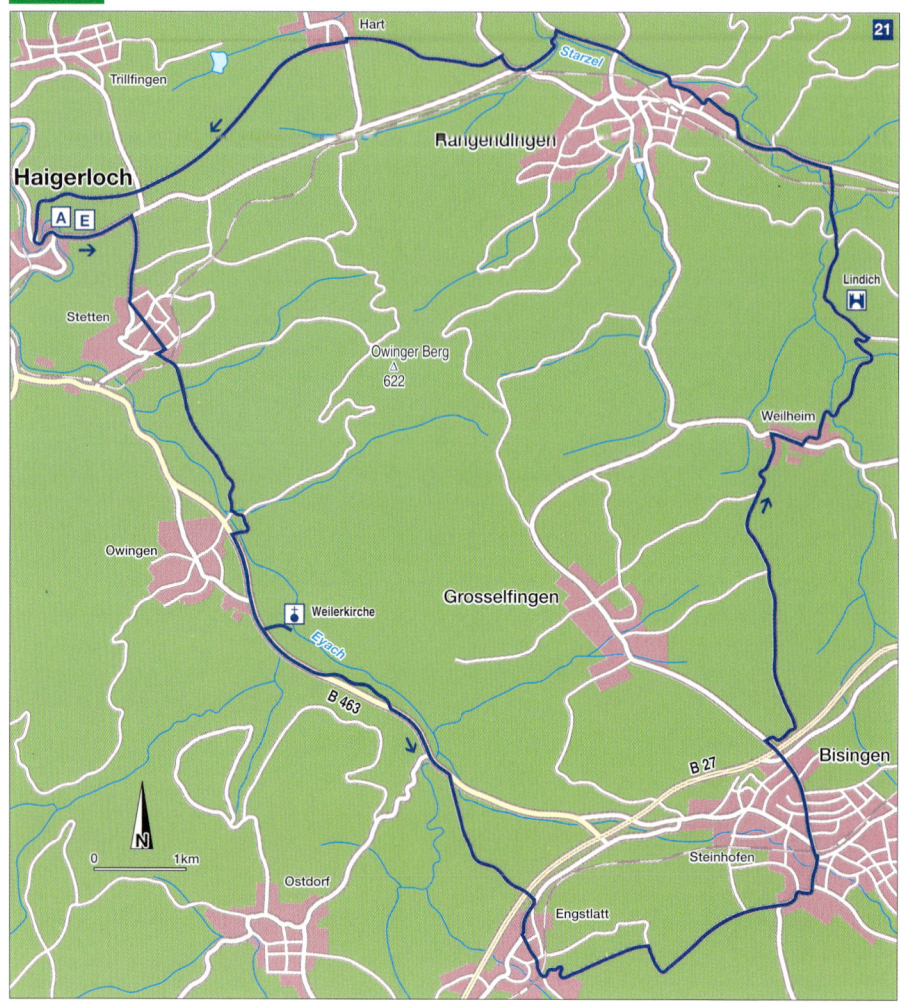

Am Ortsrand radeln wir unter der Schnellstraße durch und nach 100 Metern rechts in eine schmale Straße (Wander-Ww. Weilheim). Nach 400 Metern halten wir uns links und folgen dem Teersträßchen geradewegs bis nach **Weilheim.**
Dort treffen wir auf eine Vorfahrtsstraße, auf der wir rechts in das Ortszentrum fahren. Die Hauptstraße knickt dort nach rechts, und wir biegen links in die *Leo-Saurer-Straße.* Sie führt uns rechts um die Wehrkirche herum abwärts. Wir wechseln geradewegs auf die *Hausener Straße* (Rad-Ww. Hechingen) und biegen am tiefsten Punkt rechts auf eine schmale Teerstraße (Rad-Ww. Hechingen).
Wir überqueren ein Flüßchen und radeln geradewegs durch das Tal zu den **Hausener Höfen** hinauf. Vor dem Gehöft biegt scharf links ein Sträßchen ab, dem

Im Schatten von Schloß Hohenzollern 21

wir geradewegs bis zur Landstraße hinab folgen. Wir biegen links auf den Radweg ein, auf dem wir anfangs links und dann rechts der Straße zum Ortsrand von **Rangendingen** radeln.
An der ersten Querstraße fahren wir nach rechts (ab hier Rad-Ww. Haigerloch, Hart) und nach wenigen Metern links in die *Daimlerstraße*. An ihrem Ende kurz nach links und dann rechts in die *Königsberger Straße*. Nun geradeaus, bis wir rechts über den Fluß fahren können.
Nach der Brücke links auf eine schmale Teerstraße und bald geradeaus über die Hauptstraße. An der nächsten Weggabelung links und nach 500 Metern auf einer schmalen Holzbrücke links über den Fluß. Jetzt zwischen den beiden Tennisplätzen durch und dann kurz nach links zu einem Feldweg, der uns rechts nach 400 Metern zur Hauptstraße führt. Auf ihr 100 Meter nach rechts und dann rechts in die nach *Höfendorf* ausgeschilderte Straße. Bei erster Gelegenheit biegen wir links in ein Teersträßchen, halten uns an einer Weggabelung rechts und fahren geradewegs nach **Hart**. Am Ortsrand radeln wir geradeaus über die Hauptstraße in die *Tannwaldstraße* und bis zu einer Vorfahrtstraße.
Auf ihr nach links und geradewegs bis zur Straßenkreuzung am **Seehof**. Wir fahren kurz nach links und dann rechts in eine Nebenstraße. Wir folgen ihr bis zum Parkplatz am **Schloß Haigerloch** und lassen dann die Räder links zum Schloßhof hinabrollen. Die Geschichte von Haigerloch begann mit zwei mittelalterlichen Burgen,

Über dem engen Tal, das die Eyach in den Muschelkalk gegraben hat, wurden auf steilem Fels Schloß Haigerloch und die imposante Schloßkirche errichtet.

21 Im Schatten von Schloß Hohenzollern

die das von der *Eyach* in den Muschelkalk geschnittene Tal bewachten.
Eine stand an jener Stelle, an der heute das im 16. und 17. Jahrhundert erbaute Schloß malerisch aufragt. Am Schloßhof finden wir rechts ein altes Holztor, an dem der steile Abstieg nach Haigerloch beginnt. Wir schieben die Räder auf dem groben Pflasterweg zur *Schloßkirche* hinab. Sie wurde Ende des 16. Jahrhunderts im gotischen Stil erbaut und Mitte des 18. Jahrhunderts mit schwelgerischem Rokokostuck und prächtigen Deckengemälden ausgeschmückt. Glanzpunkt der Ausstattung ist der Renaissance-Hochaltar von 1609. Von der Kirche schieben wir die Räder auf der Schloßsteige zur Unterstadt hinunter. Hier steht hinter dem Marktplatz die im 13. Jahrhundert erbaute und im 15. Jahrhundert gotisch umgestaltete Nikolaikirche. Nach links führt uns die *Hechinger Straße* zurück zum Ausgangspunkt. Zum Abschluß unternehmen wir noch einen kurzen Abstecher nach rechts zur Oberstadt. Steil geht es auf der *Oberstadtstraße* hinauf zum Römerturm, von dem man einen herrlichen Blick über das Tal zum Schloßberg genießt.
Der Unterbau des Turms ist der Rest jener zweiten mittelalterlichen Burg, die die Talenge der Eyach bewachte. Wenig oberhalb erreichen wir die Wallfahrtskirche St. Anna, die Mitte des 18. Jahrhunderts erbaut wurde.

Einkehrmöglichkeiten
In Haigerloch, Stetten, Owingen, im Kühlen Grund, in Engstlatt, Bisingen, Weilheim, Rangendingen, und im Schloß Haigerloch.

Auskunft
• Haigerloch: Verkehrsamt, Tel. (07474) 69726 oder 69727.

Landkarten
LVA-Wanderkarte Blatt 17 »Rottenburg – Balingen«.

Nahe Bisingen schweift der Blick immer wieder über das Albvorland zu der auf einem isolierten Berggipfel errichteten Burg – dem Schloß Hohenzollern.

22 Vom Donautal zum Dreifaltigkeitsberg

Nendingen – Drefaltigkeitsberg – Böttingen – Mahlstetten – Stetten – Nendingen

 Ausgangsort und Anfahrt
Die Bahnstation in Nendingen. Nendingen liegt vier Kilometer östlich von Tuttlingen im Tal der Donau. Bahnanschluß.

 Zielpunkt
Die Tour führt zum Ausgangspunkt zurück.

 Gesamttourenlänge
38 km.

 Zeitbedarf
4 Stunden.

 Etappen
Nendingen – Dreifaltigkeitsberg: 16,5 km; Dreifaltigkeitsberg – Böttingen: 7 km; Böttingen – Mahlstetten: 4 km; Mahlstetten – Nendingen: 10,5 km.

 Steigungen
480 Höhenmeter, die zum großteil auf dem 16 Kilometer langen, aber nie steilen Anstieg zum Dreifaltigkeitsberg anfallen.

 Geländestruktur
Ein langer Anstieg auf den 985 Meter hohen Dreifaltigkeitsberg, dann über die wellige Albhochfläche zurück in das Donautal.

 Sehenswertes
• *Dreifaltigkeitsberg:* Vorgeschichtliche Wälle und Wallfahrtskirche.

Von der Bahnstation in **Nendingen** radeln wir zur nahen Straße, links über die Gleise und auf der *Ursentalstraße* geradewegs aus dem Ort. An der nächsten Weggabelung halten wir uns rechts (Rad-Ww. Böttingen, Risiberg). Wir folgen der schmalen Straße über den Wiesengrund des wunderschönen Ursentales und wechseln an einem Wanderparkplatz geradewegs auf eine Sandstraße. An der nächsten Weggabelung fahren wir geradeaus und bleiben immer im schattigen Talgrund. Wir erreichen an einer Lichtung eine Weggabelung und radeln auf dem schlechteren Weg geradeaus (Rad-Ww. Böttingen). Nach 100 Metern wechseln wir wieder auf eine bessere Forststraße, die immer im Talgrund bergauf führt. Nach einigen Liften treffen wir auf eine breit ausgebaute Straße, auf der wir nach links zu einer Kreuzung radeln. Hier folgen wir der Landstraße nach links (Ww. Tuttlingen, Spaichingen) und biegen nach 40 Metern rechts auf eine Forststraße ab. Sie läuft durch das Birental sanft aufwärts und bringt uns nach 2,3 Kilometern zu einer großen Wegkreuzung. Die Forststraße, die scharf rechts abzweigt, leitet uns nach dem Abstecher zum Dreifaltigkeitsberg nach Böttingen. Wir biegen aber in die Sandstraße, die zur Linken sanft ansteigt und folgen ihr geradewegs zum höchsten Punkt. Wenige Meter weiter zweigen wir rechts auf eine Forststraße ab und fahren nach 150 Metern auf dem besseren Weg nach links (Wander-Ww. Dreifaltigkeitsberg). Wir folgen immer dem Hauptweg, der bald nach rechts knickt und uns zu einer nahen Kreuzung führt. Hier halten wir uns links und radeln geradeaus aufwärts.

Am Parkplatz wechseln wir geradewegs auf die Teerstraße, die uns zur nahen Kirche und Gaststätte auf dem **Dreifaltigkeitsberg** führt. Vermutlich siedelten schon vor über 4000 Jahren Steinzeitmenschen auf dem Bergsporn. Nachgewiesen ist die Besiedlung des Dreifaltigkeitsberges für die Bronzezeit und durch die Kelten. Schon kurz vor der Kirche konnten wir links der Straße deutlich den Wall erkennen, der den schmalen Bergvorsprung von der Hochfläche abtrennt. Diese Verteidigungsanlage wurde vermutlich vor 2500 Jahren von den Kelten ange-

22 Vom Donautal zum Dreifaltigkeitsberg

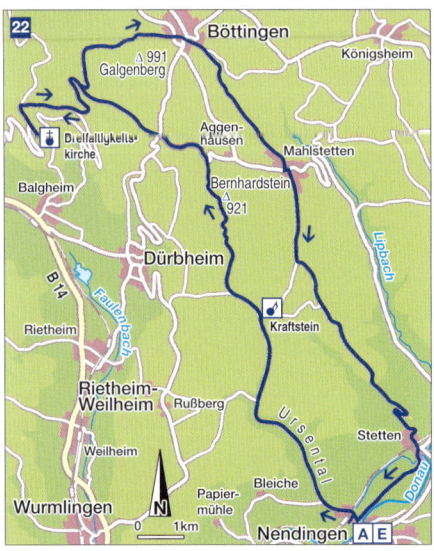

noch wenige Meter nach links und dann rechts in die *Färberstraße.* Nach 500 Metern biegen wir rechts in die schmale, nach Mahlstetten ausgeschilderte Straße. Im Auf und Ab radeln wir geradewegs bis nach **Mahlstetten.** Dort stoßen wir auf die Hauptstraße, folgen ihr 100 Meter nach links und biegen dann rechts in die *Riegertsbühlstraße* (Ww. Kraftstein). Wir fahren geradewegs aus dem Ort, halten uns nach 1,3 Kilometern an einer Weggabelung rechts (Ww. Kraftstein). Nach weiteren 800 Metern zweigen wir scharf links in das nach Stetten ausgeschilderte Sträßchen. Wir folgen stets der Teerstraße über die sanftgewellte Hochebene. Über zwei Kehren leitet uns die Straße in das Tal der Donau zurück. Am Friedhof von **Stetten** radeln wir noch kurz legt und im Mittelalter nochmals verstärkt. Die Wallfahrtskirche geht auf eine im 14. Jahrhundert erbaute Kapelle zurück, die vermutlich an Stelle eines uralten Heiligtums errichtet wurde. Im 15. Jahrhundert entstand eine erste Steinkirche, die im 17. Jahrhundert durch einen Neubau ersetzt wurde. 1924 richteten die Clarentinermönche ihr kleines Kloster ein. Vom Dreifaltigkeitsberg radeln wir auf schon bekanntem Weg zurück bis in das Birental. Dort fahren wir an der Wegkreuzung wenige Meter nach rechts und folgen dann der linken Forststraße, die sanft durch den östlichen Talhang ansteigt. Wir erreichen den Waldrand und fahren zu einer Kreuzung, an der wir uns rechts halten. Nach 400 Metern wechseln wir geradewegs auf ein Teersträßchen, das uns über einen Hügel nach **Böttingen** führt. Nach einem Gewerbegebiet lassen wir die Räder geradewegs auf der *Friedhofstraße* in das Ortszentrum hinabrollen. Wir wechseln geradeaus auf die Hauptstraße, die uns zur nahen Kirche bringt. Hier

Am Platz einer früheren Kapelle wurde im 17. Jahrhundert die Wallfahrtskirche auf dem Dreifaltigkeitsberg erbaut.

Vom Donautal zum Dreifaltigkeitsberg 22

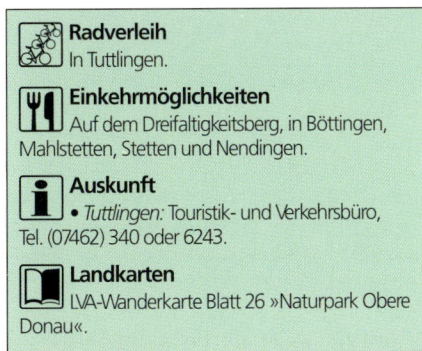

Der Dreifaltigkeitsberg erhebt sich im Westen der Schwäbischen Alb weit über das Vorland und bietet allabendlich faszinierende Sonnenuntergänge.

abwärts und biegen dann auf einem Quersträßchen nach rechts. Am Ortsrand biegen wir links auf eine breitere Straße, die uns über die Gleise geradewegs zu einer Kreuzung im Ortszentrum führt. Wir wechseln geradewegs auf die *Bachstraße*, die uns aus dem Dorf bringt. Nach dem Kesselbach knickt sie nach rechts und leitet uns durch die flachen Wiesen nach **Nendingen**.
Dort radeln wir auf der Hauptstraße rechts zur nahen Bahnstation zurück.

Radverleih
In Tuttlingen.

Einkehrmöglichkeiten
Auf dem Dreifaltigkeitsberg, in Böttingen, Mahlstetten, Stetten und Nendingen.

Auskunft
• *Tuttlingen:* Touristik- und Verkehrsbüro, Tel. (07462) 340 oder 6243.

Landkarten
LVA-Wanderkarte Blatt 26 »Naturpark Obere Donau«.

23 Die Vulkanberge im Hegau

Aachtopf – Ehingen – Welschingen – Binnigen – Hilzingen – Mühlhausen – Schloß Langenstein – Aach

Ausgangsort und Anfahrt
Der Aachtopf in Aach. Aach liegt östlich der Ausfahrt Engen von der A81 an der B31.

Zielpunkt
Die Tour führt zum Ausgangspunkt zurück.

Gesamttourenlänge
46 km.

Zeitbedarf
4 Stunden.

Etappen
Aach – Welschingen: 9 km; Welschingen – Hilzingen: 16 km.; Hilzingen – Mühlhausen: 7 km; Mühlhausen – Aach: 14 km.

Steigungen
300 Höhenmeter. Ein langer Anstieg nach Hilzingen und ein kurzer, steiler Berg bei Schloß Langenstein.

Geländestruktur
Von steilen Vulkankegeln überragte, meist sanft gewellte Landschaft.

Sehenswertes
• *Aach:* Aachtopf. Römischer Gutshof.
• *Schloß Langenstein:* Fasnachtsmuseum.

Am Südwestrand der Schwäbischen Alb liegt der Hegau, dessen landschaftliche Schönheit wir dem Vulkanismus verdanken. In zwei Phasen durchstießen vor ungefähr 16 und dann vor 8 Millionen Jahren mächtige Vulkane die Erdoberfläche. Die abgekühlte Lava blieb als widerstandsfähiges Gestein in den Schloten zurück. Das weichere Material ringsum wurde im Laufe der Zeit abgetragen, und die Vulkanruinen blieben als steile Felsberge erhalten. Im Mittelalter errichtete man auf jedem der gut zu verteidigenden Felsgipfel Burgen. An der Stelle, an der die Schwäbische Alb zum Hegau hin abfällt, liegt der Aachtopf. Er ist die stärkste Karstquelle in Deutschland und erhält einen Großteil seines Wassers von der Donau, die 12 Kilometer nördlich bei Immendingen im verkarsteten Untergrund versickert.

Vom **Aachtopf** radeln wir auf der Bundesstraße in das Ortszentrum von **Aach**. Wenige Meter hinter dem Fluß biegen wir links in die *Mühlhauser Straße* und fahren auf den Hohen Krähen zu. An einer Weggabelung halten wir uns rechts (Ww. Ehingen) und folgen dem schmalen Sträßchen geradewegs bis an den Ortsrand von **Ehingen.** Auf der Hauptstraße links in das Ortszentrum und dort rechts in die schmale *Kirchstraße.* Bei den letzten Häusern radeln wir an der Weggabelung rechts durch die Felder zur Hauptstraße. Auf ihr nach links und an der nächsten Kreuzung auf der Vorfahrtstraße nach rechts. Nach 100 Metern biegen wir links in einen Feldweg ein, der in eine schmale Teerstraße übergeht und uns über die Bahnlinie nach **Welschingen** bringt.

Wir fahren geradewegs über die Bundesstraße in den Ort und stoßen nach 300 Metern auf eine Vorfahrtstraße. Auf ihr nach links und durch ein Tal in Richtung Binningen. Nach vier Kilometern biegen wir links auf eine schmale Straße ab (Rad-Ww. Binningen, Weiterdingen), die uns in das nahe **Binningen** führt. Im Ort fahren wir geradewegs über eine Kreuzung, an der Kirche vorbei auf der *Schulstraße* steil aufwärts und dann geradewegs über eine Vorfahrtsstraße. Vor dem letzten Hof halten wir uns an der Weggabelung rechts und radeln auf einem Feldweg geradewegs zur B314 hinab.

Die Vulkanberge im Hegau 23

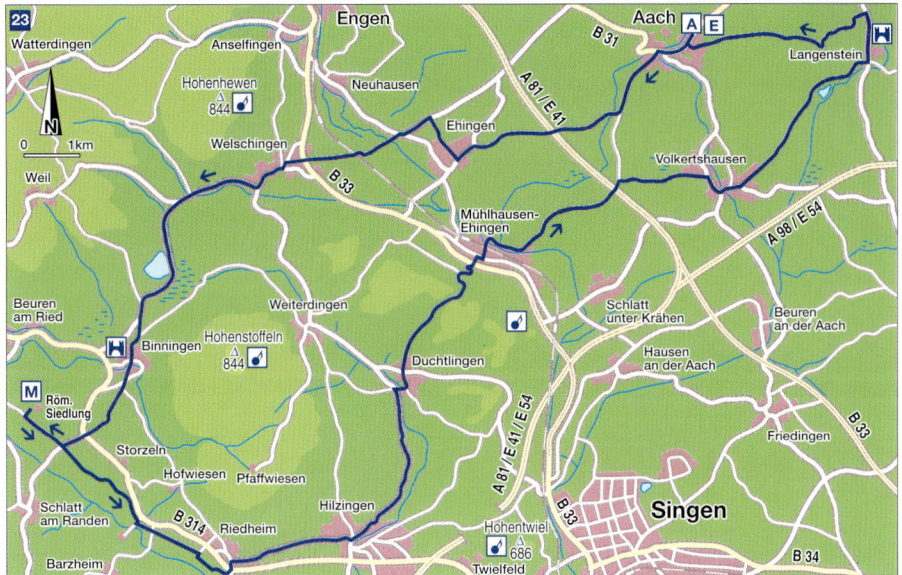

Wir finden jenseits eine Nebenstraße, folgen ihr 400 Meter. Unser Weiterweg führt uns hier links nach Riedheim. Zuvor machen wir aber noch einen Abstecher zu einer Villa Rustica, einem **römischen Gutshof**.
Wir nehmen die Straße rechts (Rad-Ww. Büßlingen) und zweigen nach einem Kilometer der Beschilderung folgend rechts zum römischen Gutshof ab. Nach der Eroberung des heutigen Südwestdeutschlands durch die Römer im 1. Jahrhundert n. Chr. entstanden überall Gutshöfe, die die Lebensmittelversorgung für die Bevölkerung und das Militär sicherstellten. Zentrum der Anlagen waren die teils luxuriös ausgestatteten Herrenhäuser, die von Wirtschaftsgebäuden umgeben wurden. Das Haupthaus dieses Gutshofes war bescheiden, dafür besaß er ein gut ausgestattetes Badehaus und einen kleinen Tempel. In den Alemannenstürmen des 3. Jahrhunderts n. Chr. mußten die Besitzer das Gut aufgeben.

Vom römischen Gutshof radeln wir zurück zur Straße und links zur Kreuzung, an der der Abstecher begann. Wir fahren geradeaus auf einen Feldweg (Rad-Ww. Hilzingen), der uns erneut gerade bis zur B314 bringt, an der unser Weg noch kurz entlangläuft. Wir treffen auf eine schmale Teerstraße, fahren nach rechts und halten uns nach wenigen Meter links (Rad-Ww. Hilzingen). Wir radeln jetzt geradeaus bis vor einen Sportplatz. Kurz nach rechts, links auf eine Teerstraße und an der folgenden Gabelung wieder links.
Wir folgen kurz der Bundesstraße, die wir an der nächsten Kreuzung an einer Ampel überqueren können. Nach wenigen Metern vor den ersten Häusern von **Riedheim** rechts in die *Freiheitstraße*, die uns nach **Hilzingen** führt. Von hier ging im 16. Jahrhundert der Bauernkrieg im Hegau aus. Die 1749 geweihte Pfarrkirche im Ortszentrum von Hilzingen ist ein Werk des berühmten Baumeisters Peter Thumb und mit sehenswertem Altar ausgestattet.

23 Die Vulkanberge im Hegau

Über den weitgeschwungenen Tälern des Hegau erheben sich die Felsspitzen der erkalteten Vulkane, auf denen im Mittelalter Burgen errichtet wurden.

Die Vulkanberge im Hegau 23

In Hilzingen knickt die Hauptstraße nach rechts, und wenige Meter weiter biegen wir links in die nach Duchtlingen ausgeschilderte Straße. Wir folgen ihr nach **Duchtlingen** und biegen vor einer Linkskurve rechts in den Ort ab. Wir radeln auf der Hauptstraße durch das Dorf und an der Kreuzung nahe der Kirche geradeaus auf die *Egaustraße.* Sie führt uns anstrengend zum aussichtsreichen Sattel westlich des *Mägdeberges* hinauf, dessen Gipfel eine weitläufige Burganlage einnimmt. Jenseits lassen wir die Räder auf der schmalen Straße, die sich in mehreren Kurven durch den Hang windet, nach **Mühlhausen** hinabrollen. Nach der Bundesstraßenunterführung radeln wir auf der Hauptstraße rechts durch den Ort. Nach 50 Metern biegen wir links in die *Schmiedstraße.* Wenige Meter vor dem Ortsendeschild rechts auf eine schmale Straße und am Fluß entlang bis zur nächsten Querstraße, auf die wir links einschwenken (Ww. Aach, Volkertshausen). Nach zwei Kilometern fahren wir über die Autobahn und biegen an der nächsten Kreuzung rechts ab (Ww. Volkertshausen). Wir radeln nun immer geradeaus, bis wir in **Volkertshausen** auf eine Vorfahrtstraße treffen.
Auf ihr nach rechts und nach 400 Metern links auf die nach Steißlingen ausgeschilderte Straße. 200 Meter nach der Kirche zweigen wir links in die *Langensteiner Straße* ab und folgen ihr, bis wir nach drei Kilometern eine Kreuzung erreichen. Links führt uns ein kurzer, steiler Anstieg zum **Schloß Langenstein** hinauf. Um 1100 wurde eine erste Burg erbaut, auf deren Grundmauern man um das Jahr 1600 das Schloß errichtete. Heute liegt es inmitten eines weiten Golfareals und beherbergt ein interessantes Fastnachtsmuseum.
Vom Schloß folgen wir weiter der Straße aufwärts und biegen am höchsten Punkt links auf einen Kiesweg ab. An der nächsten Weggabelung halten wir uns links und radeln am Waldrand entlang zu einem verlassenen Hof. Kurz unterhalb schwenkt unser Weg nach rechts auf eine schmale Teerstraße. An der nächsten Kreuzung fahren wir geradeaus auf die Teerstraße, die uns nach **Aach** zurückbringt. An der ersten größeren Kreuzung halten wir uns rechts (Ww. Achtopf) und treffen auf die Bundesstraße, auf der wir links zum nahen **Aachtopf** zurückkehren.

Einkehrmöglichkeiten
In Aach, Ehingen, Welschingen, Binningen, Hilzingen, Duchtlingen, Mühlhausen und Volkertshausen.

Öffnungszeiten
Schloß Langenstein: Fasnachtsmuseum, Mai-Oktober 10-17 Uhr November-April 13-17 Uhr.

Auskunft
Aach: Gemeindeverwaltung, Tel. (07774) 93090.

Landkarten
LVA-Wanderkarte Blatt 10 »Hegau – Bodensee« (Schwarzwaldvereinsausgabe).

Kurz nach Binningen führt ein Abstecher zu den vor einigen Jahren freigelegten Grundmauern eines römischen Gutshofes.

24 Von Meßkirch zur Burg Wildenstein

Meßkirch – Leibertingen – Burg Wildenstein – Rohrdorf – Meßkirch

 **Ausgangsort und Anfahrt**
Der Adlerplatz am Nordrand der Altstadt von Meßkirch. Meßkirch liegt südwestlich von Sigmaringen an der Kreuzung der B311 mit der B313.

 Zielpunkt
Die Tour führt zum Ausgangspunkt zurück.

 Gesamttourenlänge
29 km.

 Zeitbedarf
3 Stunden.

 Etappen
Meßkirch – Leibertingen: 11,5 km; Leibertingen – Meßkirch: 17,5 km.

 Steigungen
310 Höhenmeter, verteilt auf mehrere nicht allzu steile Anstiege.

 Geländestruktur
In ständigen Auf und Ab über die Hochfläche südlich des Donau-Durchbruchstales.

 Sehenswertes
• *Meßkirch:* Schloß, Pfarrkirche und Liebfrauenkirche. Burg Wildenstein.

Über der Altstadt von *Meßkirch* thront das mächtige Renaissance-Schloß, das in der zweiten Hälfte des 16. Jahrhunderts erbaut wurde. Nahe dem Schloß findet man die im 16. Jahrhundert erbaute Pfarrkirche St. Martin, im 18. Jahrhundert mit sehenswerten Deckenfresken und reichem Stuck barock umgestaltet. Sie enthält einen Altar mit einem 1538 geschaffenen Bild des »Meisters von Meßkirch«, der als einer der bedeutendsten Maler seiner Zeit angesehen wird, und prachtvolle Grabmäler der Grafen von Zimmern. Die Fresken und Stuckarbeiten in der angebauten Nepomukkapelle stammen von den berühmten Gebrüdern Asam. In der Liebfrauenkirche findet man mehrere Figuren aus dem 15. Jahrhundert, die der »Ulmer Schule« zugerechnet werden.

Wir beginnen die Tour am nördlichen Rand der Altstadt von **Meßkirch** auf dem Adlerplatz. Wenige Meter links neben dem Gasthaus Adler durchbricht ein niedriger Torbogen die Häuserzeile. Durch ihn fahren wir auf den *Mühlenweg* und an seinem Ende nach links. Wir halten uns nach kurzer Fahrt an einer Straßengabelung rechts (bis Leibertingen Rad-Ww. Leibertingen) und radeln anfangs auf schmaler Teerstraße, später auf Kiesweg, immer geradeaus. Nach der Bundesstraßenunterführung aufwärts zu einer schmalen Teerstraße und auf ihr links nach **Heudorf**. Wir treffen auf ein Vorfahrtsstraße und folgen ihr links hinab zur Hauptstraße.

Wir folgen ihr nach rechts und mühen uns über zwei Anstiege nach **Thalheim**. Geradewegs durch das Dorf und an der Kreuzung im Zentrum geradeaus über die Hauptstraße. Am Ortsende biegen wir rechts auf eine schmale Straße ab und folgen ihr in ein Tal. An zwei Kreuzungen fahren wir geradeaus und biegen an der

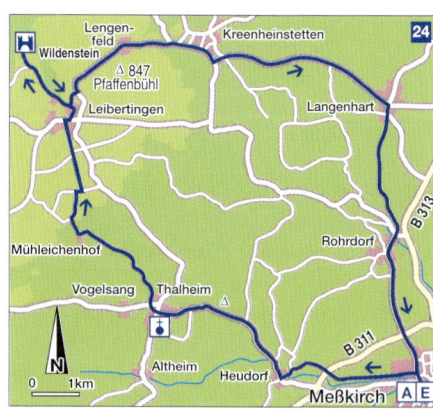

Von Meßkirch zur Burg Wildenstein 24

Von der Burg Wildenstein geht der Blick hinab zur träg dahinfließenden Donau, die ihr Tal tief in die Schwäbische Alb geschnitten hat.

dritten rechts in eine Sandstraße. Nach 100 Metern fahren wir geradeaus und nach weiteren 50 Metern links in den Wald hinauf. Wir folgen geradewegs der Forststraße, bis sie am Waldrand nach links zum *Mühleichenhof* abbiegt. Neben dem Hof zeichnen sich in der Wiese deutlich die Wälle einer keltischen *Viereckschanze* ab. Diese Bauwerke wurden lange Zeit für Verteidigungsanlagen gehalten. Heute ist jedoch nachgewiesen, das sie keltische Heiligtümer sind, in denen kultische Handlungen vorgenommen wurden.

Vor dem Hof radeln wir auf der Teerstraße nach rechts und halten uns an der folgenden Kreuzung wieder rechts. Von einer Kuppe sehen wir zum ersten Mal nach Leibertingen, fahren an einer Kreuzung rechts und an der nächsten links. Wir radeln nun immer geradeaus, bis wir in **Leibertingen** auf die Hauptstraße treffen. Auf ihr kurz nach rechts und nach 100 Metern links in die *Rathausstraße* (Ww. Burg Wildenstein). Wir fahren auf der Vorfahrtsstraße aus dem Ort und über einen Hügel zur **Burg Wildenstein**. Wohl im 12. Jahrhundert wurde auf einem vorgelagerten Felssporn hoch über der Donau eine erste Burg errichtet. Im 13. Jahrhundert erbaute man an der heutigen Stelle eine neue Burg, die die Grafen von Zimmern im 16. Jahrhundert zu einer starken Renaissance-Festung erweiterten. Über eine Brücke gelangt man zur Äußeren Bastion und von dort über einen zwei-

24 Von Meßkirch zur Burg Wildenstein

Auf einem steilen Felskamm hoch über dem Durchbruchtal der Donau wurde zuerst im Mittelalter und erneut in späteren Jahrhunderten die Burg Wildenstein erbaut.

ten Steg zur Hauptburg. Um den Burghof gruppieren sich die Hauptbastion, das Herrenhaus, Wehrgänge und die Burgkapelle, die eine Kopie des berühmten, vom »Meister von Meßkirch« geschaffenen Wildensteiner Altars enthält. Die mustergültig renovierte Burg dient heute als Jugendherberge.

Von der Burg Wildenstein radeln wir zurück nach **Leibertingen.** Nach dem ersten Anstieg im Ort biegen wir links in die Straße »*Dietenlöchle*« und folgen ihr bis zur Kreisstraße. Auf ihr fahren wir links über **Lengenfeld** bis zu einer Kreuzung kurz vor Kreenheinstetten. Hier auf der Vorfahrtsstraße rechts nach **Kreenheinstetten** hoch und kurz vor dem Ortsende an der Kreuzung nach links (Ww. Langenhart). Auf der Kreisstraße radeln wir in vier Kilometern nach **Langenhart.** An der Kreuzung im Ort folgen wir der Vorfahrtsstraße nach rechts (Ww. Meßkirch). Die Hauptstraße knickt nach 150 Metern nach links und wir biegen rechtshaltend auf die Straße »*Im Stock*« ein. Wir fahren jetzt geradewegs bis zu den ersten Häusern von Rohrdorf. Im Talgrund an der ersten Kreuzung nach rechts (Ww. Meßkirch), geradeaus über eine Vorfahrtsstraße und auf der Hauptstraße geradewegs durch **Rohrdorf.** Auf einem Radweg fahren wir an der Hauptstraße entlang nach Meßkirch. Eine steile Abfahrt bringt uns zurück zum Adlerplatz.

 Einkehrmöglichkeiten
In Meßkirch, Heudorf, Thalheim, Leibertingen, Kreenheimstetten und Rohrdorf.

Auskunft
• Meßkirch: Verkehrsamt, Tel. (07575) 20646.

 Landkarten
LVA-Wanderkarte Blatt 26 »Naturpark Obere Donau«.

25 Vom Donautal zum Schloß Werenwag

Gutenstein – Stetten am Kalten Markt– Schwenningen – Schloß Werenwag – Hausen – Gutenstein

 Ausgangsort und Anfahrt
Die Donaubrücke am östlichen Ortsrand von Gutenstein. Gutenstein liegt westlich von Sigmaringen im Tal der Donau. Bahnanschluß.

 Zielpunkt
Die Tour führt zum Ausgangspunkt zurück.

 Gesamttourenlänge
35 km.

 Zeitbedarf
3 ½ Stunden.

 Etappen
Gutenstein – Stetten: 8 km; Stetten – Hausen: 16 km; Hausen – Gutenstein: 11 km.

 Steigungen
360 Höhenmeter. Zu Beginn ein langer, steiler Anstieg.

 Geländestruktur
Nach einem steilen Anstieg über sanfte Hochflächen und durch das tief eingeschnittene Donautal.

Sehenswertes
• *Schloß Werenwag.*

Von **Gutenstein** fahren wir über die Donaubrücke und überqueren die Hauptstraße. Über einen Kilometer mühen wir uns auf der schmalen, steilen Straße bergauf, ehe wir den Rand der sanftgewellten Hochfläche erreichen. Die Straße schlängelt sich durch angenehm zu befahrendes Gelände zum **Harthof,** hinter dem wir auf eine Straße treffen. Wir halten uns links und fahren geradewegs in das kleine Dorf **Nusplingen.** Im Ort biegen wir rechts in die *Drei-König-Straße* (Rad-Ww. Stetten). Wir halten uns an zwei nahen Weggabelungen links und folgen dem Sträßchen nach **Stetten am Kalten Markt**.
Wir radeln geradewegs zu einer Vorfahrtsstraße, auf ihr nach rechts und vor der Kirche nach links. Wir folgen der Straße bis zum Ortsrand und biegen, 100 Meter bevor wir die Hauptstraße erreichen, links auf eine schmale Teerstraße ab (Rad-Ww. Schwenningen). Wir fahren drei Kilometer permanent gerade und halten uns dann an einer Wegkreuzung vor einem Feldkreuz links. Wir lassen die Räder in ein letztes Tal hinabrollen und erreichen bald die Hauptstraße. Auf ihr nach links, bis wir in **Schwenningen** auf eine Vorfahrtsstraße stoßen. Wir radeln links durch den Ort (Ww. Tuttlingen) und zweigen kurz vor dem Ortsende rechts auf eine Nebenstraße ab (Ww. Tuttlingen). Nach den letzten Häusern biegen wir links in die *Werenwager Straße* ein. Nun radeln wir zwei Kilometer geradeaus, bis die Sandstraße nach links knickt und uns geradewegs zum Tor von **Schloß Werenwag** bringt, das sich in Privatbesitz befindet. Schon im 11. Jahrhundert wurde auf dem vorgelagerten Steilfels hoch über der Donau die erste Burg errichtet. Sie wechselte mehrmals die Besitzer und gehört seit 1830 dem Hause Füstenberg. Die Gebäude, die heute zu sehen sind, wurden größtenteils vom 17. bis zum 19. Jahrhundert erbaut. Vor dem Tor wenden wir uns nach links. Nach wenigen Metern bietet sich rechts der kurze Abste-

25 Vom Donautal zum Schloß Werenwag

Von einem Aussichtspunkt nahe Schloß Werenwag geht der Blick hinab in das tief eingeschnittene, von hellen Jurafelsen überragte Tal der Donau.

Vom Donautal zum Schloß Werenwag 25

cher zum *Echofelsen* an, von dem man eine herrliche Sicht in das Donautal und hinüber zum *Schloß Werenwag* hat. Die Straße schwingt in weiten Kehren durch den Hang und in der fünften Kurve wechseln wir geradewegs auf ein Sträßchen, das uns zum Bahnhof von **Hausen** führt. Dort fahren wir auf der Hauptstraße nach links und biegen am Ortsrand von Hausen rechts auf eine Nebenstraße (Ww. Meßkirch). Kurz nach der Donaubrücke finden wir links einen Feldweg (bis Gutenstein Rad-Ww. Donau-Radwanderweg), der uns rechts der Donau durch das malerische, von Steilwänden überragte Tal nach **Thiergarten** führt. Kurz nach dem Ort wechseln wir auf das linke Ufer und treffen unter dem Schloßfelsen von **Gutenstein** auf ein Sträßchen. Auf ihm rechts über die Donau und geradewegs durch den Ort zu einer Vorfahrtstraße, die links zum Ausgangspunkt zurückführt.

Radverleih
In Stetten und Schwenningen.

Einkehrmöglichkeiten
In Gutenstein, Stetten, Schwenningen, Hausen, Thiergarten und in der Neumühle.

Auskunft
• Stetten am Kalten Markt: Bürgermeisteramt, Tel. (07573) 951516.
• Schwenningen: Bürgermeisteramt, Tel. (07579) 888.
• Hausen: Verkehrsamt, Tel. (07579) 561.

Landkarten
LVA-Wanderkarte Blatt 26 »Naturpark Obere Donau«.

Am Ortsrand von Hausen spiegelt sich das auf einem steilen Felskamm errichtete Schloß Werenwag in der träge dahinfließenden Donau.

26

Auf dem Donau-Radwanderweg in fünf Tagen von Donaueschingen nach Ulm

Eine Radreise entlang der Donau soll Abschluß und Krönung der Touren auf der Schwäbischen Alb bilden. Der Donau-Radwanderweg führt uns vom Alb-Vorland in das herrliche, von Felsen und Burgen überragte Durchbruchtal, das zwischen Tuttlingen und Sigmaringen die Schwäbische Alb zerschneidet. Anschließend wird die Landschaft wieder weiter, und wir radeln am Südrand der Alb entlang. Das Finale bildet jenes Tal, das die Urdonau zwischen Ehingen und Sigmaringen in die Alb gegraben hat und in dem heute Blaubeuren liegt. Fast ohne Gegenanstiege radeln wir meist auf schmalen Wegen, die sich auch gut für Kinder eignen, immer flußab. Da die 187 Kilometer des Donau-Radwanderweges nahezu perfekt ausgeschildert sind, können die Wegbeschreibungen für diese fünf Etappen etwas kürzer ausfallen.

26 Von Donaueschingen nach Tuttlingen

Donaueschingen – Geisingen – Immendingen – Möhringen – Tuttlingen

Ausgangsort und Anfahrt
Donaueschingen liegt südwestlich der Ausfahrt Bad Dürrheim von der A81 an der B27. Bahnanschluß.

Zielpunkt
Die Altstadt von Tuttlingen.

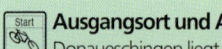 **Gesamttourenlänge**
35 km.

 Zeitbedarf
3 Stunden.

 Etappen
Donaueschingen – Geisingen: 15 km; Geisingen – Immendingen: 7 km; Immendingen – Tuttlingen: 13 km.

 Steigungen
Nur wenige kurze Anstiege.

 Geländestruktur
Ohne Mühen durch das Donautal.

 Sehenswertes
• *Donaueschingen*: Stadtkirche, Schloß und Fürstenbergische Sammlung. • *Immendingen*: Donauversickerung.

Das im frühen Mittelalter gegründete *Donaueschingen* wurde im 17. Jahrhundert von der Familie Fürstenberg zur Residenz ausgebaut. Im Südosten der Stadt liegt inmitten weiter Gartenanlagen das ursprünglich barocke Schloß der Fürsten von Fürstenberg, das Ende des 19. Jahrhunderts umgebaut wurde. Im Inneren befinden sich wertvolle Ausstattungsstücke aus Renaissance, Barock und Rokoko. Neben dem Schloß ist die »Donauquelle« in einem Brunnen gefaßt. Oberhalb liegt die barocke Stadtkirche St. Johann, die von großen Künstlern meisterhaft ausgestattet wurde. In der Stadt findet man am Karlsplatz die Fürstlich Fürstenbergischen Sammlungen, die vor allem Arbeiten altdeutscher Meister wie Hans Holbein und Lucas Cranach zeigen. Wir beginnen die Tour am *Bahnhof* von **Donaueschingen.** Wir fahren kurz nach rechts und halten uns am Kreisverkehr links. Geradeaus gelangt man nun zum Schloß und in die Stadtmitte. Wir biegen aber nach kurzer Fahrt rechts ab, radeln geradewegs durch den Park und im Bo-

Am Rande weitläufiger Gartenanlagen liegen in Donaueschingen das Schloß, die »Donauquelle« und die Stadtkirche.

Von Donaueschingen nach Tuttlingen 26

26 Von Donaueschingen nach Tuttlingen

gen durch das Sportgelände. Dort an einer Kreuzung rechts und im Zickzack zur Donau. Nach der Brücke rechtshaltend durch **Pfohren** und am Ortsende rechts auf einen Teerweg zur Donau. Wir folgen kurz der Bundesstraße und biegen dann wieder rechts zur Donau hin ab. Bald treffen wir wieder auf die Bundesstraße, und radeln anfangs rechts, bald links oberhalb der Straße durch die Hänge des Wartenberges. Er ist der nördlichste der Hegau-Vulkane und auf seinem Gipfel steht ein Lustschloß, das an Stelle einer mittelalterlichen Burg errichtet wurde. Wir halten uns am Ortsrand von **Geisingen** zweimal rechts und fahren dann geradewegs durch das Städtchen, das am Eingang des Donautals in die Schwäbische Alb liegt. Am Ortsende biegen wir hinter der Bahnlinie nach links und radeln an den Gleisen entlang. Nach der Donaubrücke halten wir uns links und biegen dann rechts nach **Hintschingen** ab. Geradewegs durch das Dorf und nach der Donaubrücke südlich an Zimmern vorbei nach **Immendingen.** Wir überqueren auf der neuen Radlerbrücke die Gleise und folgen dann rechts der Beschilderung durch den Ort. Auf einer Holzbrücke über die Donau und dann geradewegs zu einem Parkplatz nahe der Donauversickerung. Von hier bis Tuttlingen verschwindet das Wasser der Donau an mehreren Versickerungsstellen im verkarsteten Untergrund. Ein Großteil des Wassers sprudelt im über zehn Kilometer südlich gelegenen Aachtopf, der stärksten Karstquelle Deutschlands, wieder an die Oberfläche.

Wir radeln links über die Donau und geradewegs durch das Tal nach **Möhringen.** Im malerischen Ort plätschern zwei Mohrenbrunnen, und die Stadtteilverwaltung ist in einem stattlichen Gebäude aus dem 17. Jahrhundert untergebracht. Wir überqueren die Gleise und fahren auf schmalen Straßen bis vor den steilen Talhang. Immer am linken Donauufer entlang radeln wir bis nach **Tuttlingen.** Auf der zweiten Holzbrücke queren wir rechts über die Donau zum Marktplatz im Stadtzentrum. Schon in römischer Zeit befand sich hier ein Kastell, und 797 wurde Tuttlingen erstmals urkundlich erwähnt. Als Vorposten Württembergs wurde die Stadt immer wieder zerstört und fiel 1803 einem verheerenden Brand zum Opfer. So blieben bis auf die Ruine der im 15. Jahrhundert erbauten Burg auf dem Honberg keine historischen Gebäude erhalten. Die Stadtkirche wurde 1817 errichtet und erhielt 1903 ihre schöne Jugendstilfassade. Sehenswert ist vor allem das hervorragend ausgestattete Heimatmuseum im Gebäude Donaustraße Nr. 50.

Von Donaueschingen nach Tuttlingen 26

Über schmale Straßen führt unser Weg an der Donau entlang und bietet abseits der Hauptverkehrsrouten für alle Genußradler/innen ungetrübte Fahrradfreuden.

 Radverleih
In Donaueschingen und Tuttlingen.

 Radreparatur
In Donaueschingen, Geisingen und Tuttlingen.

 Einkehrmöglichkeiten
In Donaueschingen, Pfohren, Geisingen, Immendingen, Möhringen und Tuttlingen.

 Übernachtung
In Donaueschingen, Geisingen, Immendingen, Möhringen und Tuttlingen.

 Öffnungszeiten
• *Donaueschingen:* Schloß, März – September Mi – Mo 9 – 12 und 14 – 17 Uhr; Fürstenbergische Sammlung, Di – So 9 – 12 und 13.30 – 17 Uhr.
• *Tuttlingen:* Heimatmuseum, Mi und So 14 – 17 Uhr.

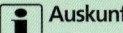 **Auskunft**
• Donaueschingen: Verkehrsamt, Tel. (0771) 857221.
• Geisingen: Verkehrsamt, Tel. (07704) 551.
• Immendingen: Fremdenverkehrsbüro, Tel. (07462) 240 oder 24228.
• Tuttlingen: Verkehrsamt, Tel. (07462) 340 oder 6243.

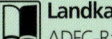 **Landkarten**
ADFC-Radtourenkarte 1:150000, Blatt 24 »Schwarzwald – Oberrhein«.

27 Von Tuttlingen nach Sigmaringen

Tuttlingen – Stetten – Fridingen – Beuron – Gutenstein – Inzigkofen – Sigmaringen

Ausgangsort und Anfahrt
Tuttlingen liegt östlich der Ausfahrt Geisingen von der A81 im Donautal. Bahnanschluß.

Zielpunkt
Sigmaringen.

Gesamttourenlänge
54 km.

Zeitbedarf
4 ½ Stunden.

Etappen
Tuttlingen – Fridingen: 16 km; Fridingen – Hausen: 18 km; Hausen – Sigmaringen: 20 km.

Steigungen
Nur wenige kurze Anstiege.

Geländestruktur
Durch das malerische, von hellen Kalkfelsen und Burgen überragte Durchbruchstal der Donau.

Sehenswertes
• Fridingen: Altstadt. • Beuron: Kloster.
• Inzigkofen: ehemaliges Kloster.
• Sigmaringen: Schloß und Johanneskirche.

In **Tuttlingen** radeln wir am linken Donauufer entlang nach Osten und überqueren kurz vor dem Stadtrand den Fluß. Nun rechts der Donau bis **Ludwigstal** und linkshaltend über den Fluß, die Hauptstraße und die Bahnlinie. Wir fahren entlang der Bahnlinie nach **Nendingen** und danach durch die Wiesen nach **Stetten.** Durch das Dorf aufwärts und dann rechts entlang der Bahnlinie nach **Mühlheim.** Wir folgen der Hauptstraße nach links und biegen rechts in ein Nebensträßchen. Wir halten uns nach der Galluskirche, die noch einige frühromanische Bauteile und schöne Chorfresken aufweist, rechts. Jetzt stets am linken Rand der Talaue bis zur Hauptstraße in **Fridingen.** Die um 1300 gegründete Stadt gefällt durch ein malerisches Ortszentrum mit schön restaurierten Fachwerkbauten und dem im 15. Jahrhundert errichteten Ifflinger Schloß, in dem heute das Rathaus untergebracht ist.

Wir fahren auf der Hauptstraße kurz nach rechts und dann erneut rechts in eine Nebenstraße. Entlang der Donau aus der Stadt und im Bogen um einen Bergrücken. Bald überqueren wir die Donau und radeln immer auf der rechten Talseite durch das wildromantische Tal bis **Beuron.** Hier beherrschen die Gebäude des

Von Tuttlingen nach Sigmaringen 27

Im Durchbruchtal der Donau führt uns der Donau-Radwanderweg unter den steilen Felswänden vorbei, auf denen Schloß Werenwag errichtet wurde.

27 Von Tuttlingen nach Sigmaringen

1077 gegründeten Klosters das Tal. 1687 wurde das Augustinerkloster in den Rang einer Abtei erhoben, und man ersetzte die alten Gebäude durch einen barocken Neubau. Zentraler Blickfang der Anlage ist die Barockkirche. Der Innenraum ist mit üppigem Rokokostuck geschmückt, und von der Decke strahlen farbenfrohe Fresken. In der Gnadenkapelle findet man eine spätgotische Pietà.

Nach Beuron bleiben wir weiterhin auf der rechten Talseite. Vorbei an der Burg Wildenstein zur Rechten und Schloß Werenwag, das sich links auf steilen Felsen festkrallt, radeln wir an **Hausen** vorbei nach **Thiergarten.** Kurz nach dem Ort wechseln wir auf die linke Flußseite, um wenig später über die Donau nach **Gutenstein** zu gelangen. Geradewegs durch das Dorf, auf einer Vorfahrtsstraße links abwärts und vor dem Fluß nach rechts. Vor **Dietfurt**, auf dessem steilen Burgfels die Reste einer mittelalterlichen Burg aufragen, wieder auf die linke Talseite. In **Inzigkofen** radeln wir rechts über die Brücke und hinauf zum ehemaligen *Kloster.* Es wurde im 14. Jahrhundert gegründet und im 19. Jahrhundert zu einem Landsitz der Familie Hohenzollern-Sigmaringen umgebaut. In der Klosterscheune ist ein Bauernmuseum untergebracht und die schöne, 1780 erbaute Kirche lohnt einen Besuch.

Von der Klosterkirche fahren wir links nach **Laiz** hinab und folgen nun immer dem Donauufer bis nach **Sigmaringen.** Im Stadtgebiet ist man auf die Spuren von Kelten, Römer und Alemannen gestoßen. 1077 wurde zum ersten Mal die Burg auf dem Felsen über der Donau erwähnt, in deren Schutz sich die Stadt entwickelte. Im 16. Jahrhundert fielen Stadt und Burg an die Grafen von Zollern. Die Burg wurde im 17. Jahrhundert ausgebaut und Sigmaringen im 18. Jahrhundert in eine barocke Residenzstadt verwandelt. 1806 wurde sie Zentrum des Fürstentums Hohenzollern-Sigmaringen und fiel 1850 an das verwandte Haus Preußen, bei dem es bis 1945 blieb. Nach einem großen Brand im Jahre 1893 wurde das Schloß weitgehend nach dem romantischen Geschmack jener Zeit umgebaut. Hauptsehenswürdigkeit von Sigmaringen ist das um einen romanischen Bergfried errichtete Schloß, dessen umfangreiche Sammlungen Exponate von vorgeschichtlicher Zeit bis in das 19. Jahrhundert zeigen. Die Mitte des 18. Jahrhunderts erbaute Kirche St. Johannes ist prunkvoll ausgestattet, und die Josephskapelle birgt die Flügeltüren eines wertvollen spätgotischen Schreins. In der Altstadt erinnert der Runde Turm an die alte Stadtbefestigung.

Radreparatur
In Tuttlingen, Fridingen und Sigmaringen.

Radverleih
In Tuttlingen, Fridingen und Sigmaringen.

Einkehrmöglichkeiten
In Stetten, Fridingen, Beuron, Hausen, Thiergarten, in der Neumühle, in Gutenstein, Inzigkofen und Sigmaringen.

Übernachtung
In Stetten, Fridingen, Beuron, Hausen, Thiergarten, Gutenstein, Inzigkofen und Sigmaringen.

Öffnungszeiten
• *Sigmaringen:* Sammlungen im Schloß, Februar – November 8.30 – 12 und 13 – 17 Uhr.

Auskunft
• *Fridingen:* Gemeindeverwaltungsverband Donau-Heuberg, Tel. (07463) 8370.
• *Beuron:* Verkehrsamt, Tel. (07466) 214.
• *Hausen:* Verkehrsamt, Tel. (07579) 561.
• *Inzigkofen:* Bürgermeisteramt, Tel. (07571) 73070
• *Sigmaringen:* Verkehrsamt, Tel. (07571) 106423.

Landkarten
ADFC-Radtourenkarte 1:150000, Blatt 24 »Schwarzwald-Oberrhein« und Blatt 25 »Bodensee – Schwäbische Alb«.

Von Tuttlingen nach Sigmaringen 27

1077 wurde im Donau-Durchbruchtal Kloster Beuron gegründet, das man im 18. Jahrhundert zu einer mächtigen Barock-Abtei umgestaltete.

28 Von Sigmaringen nach Riedlingen

Sigmaringen – Mengen – Hundersingen – Heuneburg – Binzwangen – Riedlingen

 Ausgangsort und Anfahrt
Sigmaringen liegt im Tal der Donau an der B32. Bahnanschluß.

 Zielpunkt
Riedlingen.

 Gesamttourenlänge
35 km

 Zeitbedarf
3 Stunden.

 Etappen
Sigmaringen – Mengen: 14,5 km; Mengen – Hundersingen: 7,5 km; Hundersingen – Riedligen: 13 km.

 Steigungen
Vor Hunderingen ein Anstieg über 60 Höhenmeter.

 Geländestruktur
Im Tal der Donau und auf den niedrigen Randhöhen.

 Sehenswertes
• *Scheer:* Schloß und Pfarrkirche. • *Hundersingen:* Heuneburgmuseum. Heuneburg mit Grabhügeln. • *Riedlingen:* Altstadt mit Stadtkirche.

In **Sigmaringen** fahren wir zum Donauufer und radeln permanent rechts des Flusses über **Sigmaringendorf** nach **Scheer**. Durch die Gassen des altertümlichen Städtchens können wir einen Abstecher hinauf zum Renaissance-Schloß mit seinen markanten Staffelgiebeln und zur mittelalterlichen Pfarrkirche St. Nikolaus unternehmen, die im 18. Jahrhundert barockisiert wurde. Wir radeln nahe der Donau um die Altstadt, queren dann die Bundesstraße und erreichen entlang der Bahnlinie **Ennetach**. Auf der Hauptstraße rechts im Bogen durch den Ort und danach geradewegs nach **Mengen**. Rechter Hand liegt die Altstadt mit zwei Barockkirchen. Wir folgen jedoch der Wegweisung links über die Bahnlinie und Bundesstraße. Bald nahe der Donau geradewegs über eine Vorfahrtsstraße, an der folgenden Gabelung links halten und auf schmaler Teerstraße bis zur Donau. Der Donau-Radwanderweg biegt hier rechts auf einen Kiesweg. Wir erkunden jedoch das geschichtsträchtige Hügelland über der Donau. Wir radeln über die Donau und hinauf zu einer Vorfahrtsstraße. Auf ihr rechts in das nahe **Hundersingen** und der Wegweisung folgend links und dann rechts zum *Heuneburgmuseum.* Es bietet dank der reichen Funde aus der Umgebung informative Einblicke in die keltische Kultur. Vor dem Museum führt uns der Weiterweg auf der wenig befahrenen Hauptstraße nach links durch die flachen Felder. Nach kurzer Fahrt überragt rechts der kreuzgeschmückte Hügel der Baumburg die Wiesen, zu dem ein kurzer Abstecher (die letzten 100 Meter zu Fuß) möglich ist. Im Mittelalter erbaute man auf dem mächtigen keltischen Grabhügel eine kleine Turmburg. Unser Weg folgt weiterhin der Hauptstraße, bevor wir zwei Kilometer nach dem Museum den Parkplatz an der Heuneburg erreichen. Vom Parkplatz radeln wir etwa 200 Meter nach

🚴 Von Sigmaringen nach Riedlingen 28

Eine kurze, steile Abfahrt führt in Scheer vom Renaissance-Schloß und der Stadtkirche in die hübsche Altstadt zurück.

28 Von Sigmaringen nach Riedlingen

rechts, ehe uns links ein Kiesweg zur nahen **Heuneburg** bringt (siehe Tour 18). Von der Heuneburg radeln wir zurück zur Hauptstraße und auf ihr, vorbei an den mächtigen Grabhügeln am Gießübel, nach rechts (Rad-Ww. Riedlingen, Ulm) und nach zwei Kilometern rechts in das nahe **Binzwangen.** Wir stoßen auf die Hauptstraße, die uns kurvig durch den Ort in das Donautal hinabführt. Kurz vor der Donaubrücke links in die *Donaustraße* (ab hier meist Rad-Ww. Donau-Radwanderweg) am Flußufer entlang nach Norden. Unterhalb eines ausgeprägten Bergsporns, auf dem einstmals eine Burg stand, schwenkt der geteerte Weg nach links vom Ufer weg. Wir radeln gut einen Kilometer immer gerade durch, bis wir bei einem kleinen Feldkreuz auf einem Quersträßchen nach links auf **Waldhausen** zufahren.

Nach 100 Metern bei erster Gelegenheit rechts und geradewegs auf dem Teersträßchen bis zu seinem Ende. Hier 200 Meter auf Teerweg nach links und dann wieder nach rechts. Jetzt immer geradeaus, bis wir kurz nach dem Biberbach am Ortsrand von **Altheim** auf eine Vorfahrtsstraße treffen. Auf ihr radeln wir links durch den Ort sanft aufwärts und biegen nach 400 Metern rechts in den *Sandgrubenweg.* Nach weiteren 400 Metern weist uns am Ortsrand der Wegweiser des Donau-Radwanderweges rechts in eine schmale Teerstraße. Kurz vor der Donau auf einer Querstraße nach links und an der nächsten Kreuzung rechts nach **Riedlingen.** An der ersten Kreuzung im Ort auf schmaler Straße am Donauufer entlang nach rechts, dann rechts über die erste Brücke und links zum Stadtzentrum. Bald baut sich links über der Donau die Altstadt von Riedlingen (siehe Tour 17) auf.

Auf einem Felskamm über der Donau thront in Sigmaringen das um 1900 umgebaute Hohenzollern-Schloß.

 Radreparatur
In Mengen und Riedlingen.

 Radverleih
In Sigmaringen und Riedlingen.

 Einkehrmöglichkeiten
In Sigmaringendorf, Scheer, Mengen, Hundersingen, Binzwangen, Altheim und Riedlingen.

 Übernachtung
In Ennetach, Mengen und Riedlingen.

 Öffnungszeiten
• *Hundersingen:* Heuneburgmuseum, Sonn- und feiertags 10 – 12 und 13 – 17 Uhr, April – Oktober Di – Sa 13 – 16.30 Uhr, Juli und August zusätzlich Di – Sa 10 – 12 Uhr.

 Auskunft
• Scheer: Stadtverwaltung, Tel. (07572) 76160.
• Riedlingen: Verkehrsamt, Tel. (07371) 18312.

 Landkarten
ADFC-Radtourenkarte 1:150000, Blatt 25 »Bodensee – Schwäbische Alb«.

29 Von Riedlingen nach Ehingen

Riedlingen – Zwiefaltendorf – Obermarchtal – Munderkingen – Dettingen – Ehingen

 Ausgangsort und Anfahrt
Riedlingen liegt am Kreuzungspunkt von B311 und B312 im Tal der Donau. Eisenbahnschluß.

 Zielpunkt
Ehingen.

 Gesamttourenlänge
 34 km.

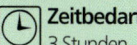 **Zeitbedarf**
3 Stunden.

 Etappen
Riedlingen – Zwiefaltendorf: 10,5 km; Zwiefaltendorf – Munderkingen: 11,5 km; Munderkingen – Ehingen: 12 km.

 Steigungen
Etwa 160 Höhenmeter, verteilt auf mehrere kurze Anstiege.

 Geländestruktur
Durch das Donautal oder über die sanft gewellten Randhöhen.

 Sehenswertes
• *Zwiefaltendorf:* Schloß, Kirche und Tropfsteinhöhle. • *Obermarchtal:* Ehemaliges Kloster. • *Munderkingen:* Altstadt. • *Ehingen:* Altstadt mit Herz-Jesu-Kirche, Liebfrauenkirche und Heilig-Geist-Spital.

Wir beginnen die Tour an der *Donaubrücke* vor der Altstadt von **Riedlingen**. Wir bleiben rechts der Donau, bis wir unterhalb Daugendorf auf das linke Ufer wechseln. Im Zickzack nach **Bechingen** und von dort auf der Hauptstraße nach **Zell**. Vom Ortsrand folgen wir den Gleisen nach **Zwiefaltendorf**. Neben einem Renaissanceschlößchen wartet das Dorf mit der schönen, im 15. Jahrhundert erbauten und im 18. Jahrhundert barockisierten Pfarrkirche auf. Im inneren ein fein gearbeitetes Chorgestühl und ein beachtenswerter Grabstein aus dem 16. Jahrhundert. In Ortsnähe die Zwiefaltendorfer Tropfsteinhöhle (Informationen im Gasthaus zum Rößle).

Vom Dorf fahren wir rechtshaltend über die Donau, dann kurz an den Eisenbahnschienen entlang und bald hinauf nach **Dattenhausen.** Von hier nahe der Bundesstraße nach **Obermarchtal** mit dem ehemaligen Kloster (siehe Tour 15) und auf Feldwegen weiter nach **Untermarchtal.** Im Ort radeln wir über die Donau und danach rechts an der Hauptstraße entlang Richtung Munderkingen. Auf halbem Weg rechts nach **Algershofen** und auf der Hauptstraße nach **Munderkingen.** Vor der Abfahrt zur Donau biegen wir links in die hübsche Altstadt, die wir auf der *Martinstraße* durchqueren. Die in einer Flußschleife der Donau gelegene Stadt gehörte von 1297 bis 1806 zu Österreich. Sehenswert sind die im 16. Jahrhundert erbaute spätgotische Stadtkirche mit wundervollem Chorgestühl und Bildwerken der »Ulmer Schule«, der schloßartig über der Donau aufragende Pfarrhof und das mit Staffelgiebeln verzierte Rathaus.

Von der Altstadt radeln wir über die Donau und rechts entlang der Landstraße nach **Rottenacker.** Dort über die Donau und auf einer Straße nach links. Am Ortsrand links in eine schmale Straße und immer nahe der Donau nach **Dettingen.** Im Ort nach rechts und auf Radweg zum Hügel, auf dem **Ehingen** liegt. Hier von einer Kreuzung rechts zum Stadtzentrum von Ehingen hinauf. Die im 13. Jahrhundert gegründete Stadt kam im 14. Jahrhundert zu Österreich, bei dem es wie das nahe Munderkingen bis 1806 blieb. In der Altstadt findet man die frühbarocke Herz-

29 Von Riedlingen nach Ehingen

Jesu-Kirche, die Pfarrkirche St. Blasius, das Ritterhaus, das Ständehaus und das Rathaus, die alle nach den Verwüstungen des Dreißigjährigen Krieges um das Jahr 1700 erbaut wurden. Im Heilig-Geist-Spital, einem Renaissance-Fachwerkbau, ist das Ehinger Heimatmuseum untergebracht. In der Unterstadt findet man in der barocken Liebfrauenkirche prunkvolle Altäre und eine spätgotische Madonnenfigur der Ulmer Schule.

Radreparatur
In Ehingen.

Radverleih
In Riedlingen und Ehingen.

Einkehrmöglichkeiten
In Zwiefaltendorf, Obermarchtal, Untermarchtal, Rottenacker, Dettingen und Ehingen.

Übernachtung
In Zwiefaltendorf, Dettingen und Ehingen.

Öffnungszeiten
• *Ehingen:* Heimatmuseum, Mi 10 – 12 und 14 – 18 Uhr So 10 – 17 Uhr.

Auskunft
• Munderkingen: Bürgermeisteramt, Tel. (07393) 5980.
• Ehingen: Fremdenverkehrsamt, Tel. (07391) 5030.

Landkarten
ADFC-Radtourenkarte 1:150000, Blatt 25 »Bodensee – Oberschwaben«.

Auf einem Hügel über der Donau liegt in einer engen Flußschleife die Altstadt von Munderkingen.

Von Riedlingen nach Ehingen 29

Munderkingen – abseits der großen Touristenströme – bietet mit seiner gut erhaltenen Altstadt einen willkommenen Zwischenstopp am Donau-Radwanderweg.

30

30 Von Ehingen durch das Tal der Urdonau nach Ulm

Ehingen – Blaubeuren – Klingenstein – Ulm

  Ausgangsort und Anfahrt
Ehingen liegt westlich von Ulm im Tal der Donau. Bahnanschluß.

  Zielpunkt
Ulm.

  Gesamttourenlänge
39 km.

  Zeitbedarf
3 ½ Stunden.

  Etappen
Ehingen – Blaubeuren: 19 km; Blaubeuren – Ulm: 20 km.

  Steigungen
Keine nennenswerten Steigungen.

  Geländestruktur
Durch das Tal der Urdonau.

  Sehenswertes
• *Schelklingen:* Altstadt.
• *Blaubeuren:* Altstadt; urgeschichtliches Museum, Kloster mit gotischem Hochaltar und Blautopf.
• *Ulm:* Altstadt mit Münster und Fischerviertel.

Von Ehingen führen zwei Varianten des Donau-Radwanderweges nach Ulm. Die ruhigere folgt dem heutigen Lauf der Donau. Wir nehmen aber die landschaftlich und kulturell interessanteren Route durch das *Urdonautal.* Bis vor 200000 Jahren floß die Donau durch dieses von Felstürmen überragte Tal, ehe sie den einfachen Weg am Südrand der Schwäbischen Alb fand.
Von der Altstadt von **Ehingen** fahren wir zum Bahnhof hinab und dort auf der Straße nach rechts. Bald finden wir links einen Radweg und radeln links der Schmiech entlang. An seinem Ende links nach **Berkach.** Rechts in den Ort und am Rand des Allmendinger Rieds nach **Klein-Allmendingen.** Geradewegs durch den Ort und vor den Gleisen auf einer Straße nach links. Nun immer am linken Talrand nach **Schmiechen.** Dort rechts zur Bundesstraße und auf ihr nach **Schelklingen** (siehe Tour 9). Am Ortsrand wechseln wir rechts auf eine Nebenstraße und radeln durch das Achtal nach **Weiler.** Dort finden wir wieder einen Radweg, der uns in das nahe **Blaubeuren** führt. An der Bundesstraßenkreuzung über die Ampel und auf Nebenstraßen durch die Altstadt von Blaubeuren (siehe Tour 8) zum Kloster und Blautopf.
Am *Blautopf* fahren wir nach rechts und durch das Blautal bis **Gerhausen.** Im Ort folgen wir kurz der Bundesstraße nach links und radeln dann auf Nebenstraßen zum Ortsausgang. Jetzt immer auf schmalen Wegen am rechten Talrand nach **Arnegg.** Am Ortsausgang finden wir links einen Feldweg, der uns an den Ortsrand von **Klingenstein** leitet. Dort geradewegs über die Hauptstraße und durch das Dorf zur B32. Ein Radweg führt uns entlang der Bundesstraße bis kurz vor den Bahnhof von **Ulm.** Dort können wir in einem Rondell unter einem Kreisverkehr hindurchfahren und dann linkshaltend auf

Von Ehingen durch das Tal der Urdonau nach Ulm 30

Alte Häuser, verwinkelte Gassen und schmale Kanäle machen den Reiz des Fischerviertels aus, das im mittelalterlichen Ulm nahe der Blaumündung gewachsen ist.

30 Von Ehingen durch das Tal der Urdonau nach Ulm

Von Ehingen durch das Tal der Urdonau nach Ulm 30

einer Brücke über die Bahnstrecke radeln. Nach der Brücke rechts zur nächsten Ampel. Geradeaus geht es von hier zum nahen Bahnhof. Wir folgen den Radwegweisern zur Stadtmitte nach links.
Mitte des 9. Jahrhunderts wurde Ulm zum ersten Mal urkundlich erwähnt, und es entwickelte sich ab dem 11. Jahrhundert zu einer Stadt. Begünstigt durch ihre Lage an wichtigen Handelswegen nahm sie einen raschen Aufschwung, und so konnte man schon im 14. Jahrhundert mit dem Bau des riesigen Doms beginnen. Ihre Blütezeit erlebte die Stadt im 15. und 16. Jahrhundert. Als mächtigste der Freien Reichsstädte führte Ulm den Schwäbischen Bund an. Mit den Künstlern der Ulmer Schule, deren Wirken weit ausstrahlte, hatte sie in dieser Zeit auch ihren kulturellen Höhepunkt erreicht. Mit dem Dreißigjährigen Krieg begann der langsame Abstieg der Stadt, die sich erst im 19. Jahrhundert wieder wirtschaftlich erholen konnte. Unbestreitbarer Mittelpunkt Ulms ist das Münster, das nach dem Kölner Dom die zweitgrößte gotische Kirche in Deutschland ist. Mit 161,6 Metern ist ihr Turm der höchste Kirchturm in der Welt. 1377 begann man den Bau des **Münsters** und erst 1890 konnte der Turm vollendet werden. Weitere Sehenswürdigkeiten in der Altstadt sind das Rathaus aus dem 14. Jahrhundert mit reichen Wandmalereien und das benachbarte Ulmer Museum mit Kunstgegenständen aus dem Schwäbischen Raum und einer vor- und frühgeschichtlichen Sammlung. Vom 1613 erbauten Schwörhaus mußte alljährlich das Stadtoberhaupt den Eid auf die Stadtregeln schwören. An der **Blaumündung** ist das alte Fischer- und Gerberviertel mit seinen Brücken und verwinkelten Gassen unbedingt sehenswert. An der Donauseite findet man den im 14. Jahrhundert erbauten Metzgerturm, der sich um zwei Meter zur Seite neigt (Schiefer Turm von Ulm). Von der Adlerbastion stürzte 1811 der Schneider von Ulm in die Donau, als er versuchte, den Fluß mit einem selbst gebauten Fluggerät zu überfliegen. Im Reichenauer Hof befindet sich ein Freskenzyklus aus dem 14. Jahrhundert.

Vom 14. bis in das 19. Jahrhundert wurde in Ulm am alles überragenden Münster gebaut, dessen 161 Meter hoher Turm den weiten Münsterplatz beherrscht.

 Radreparatur
In Schelklingen, Blaubeuren und Ulm.

 Radverleih
In Ehingen und Ulm.

 Einkehrmöglichkeiten
In Allmendingen, Schmiechen, Schelklingen, Weiler, Blaubeuren, Gerhausen, Arnegg, Klingenstein und Ulm.

 Übernachtung
In Schmiechen, Schelklingen, Weiler, Blaubeuren, Arnegg, Klingenstein und Ulm.

 Öffnungszeiten
• *Ulm:* Ulmer Museum, Juni – September 10 – 17 Uhr, Oktober – Mai Di – So 10 – 12 und 14 – 17 Uhr.

i Auskunft
• Schelklingen: Bürgermeisteramt, Tel. (07394) 2480.
• Blaubeuren: Fremdenverkehrsbüro, Tel. (07344) 921025.
• Ulm: Tourist-Information, Tel. (0731) 1612830.

Landkarten
ADFC-Radtourenkarte 1:150000, Blatt 25 »Bodensee – Schwäbische Alb«.

Informationen für Radwanderer

Das richtige Fahrrad

Die Schwäbische Alb ist ein Gebirge, das vor allem auf der dem Neckar zugewandten Seite beträchtliche Höhenunterschiede aufweist. Natürlich versucht man als Genußradler, seine Route so zu wählen, daß anstrengende Steigungen möglichst vermieden werden. Wer jedoch den speziellen Reiz dieser Landschaft auf dem Rad erfahren will, der kommt ohne Anstiege nicht aus.

Um so wichtiger ist die Wahl des richtigen Fahrrades, um sich das Leben nicht selbst schwer zu machen. Ein Hollandfahrrad verdoppelt die Mühen und halbiert die Freude an jeder Tour. Am besten geeignet sind die mit modernen Komponenten ausgestatteten Fahrräder, die man heutzutage preiswert erstehen kann. Häufig sind sie mit Schnellspannern ausgerüstet, die sich beim Verstellen des Sattels und bei Reifenpannen bewähren. Die Räder verfügen über verschiedene Kettenblätter und Zahnkränze und bieten dadurch ein breites Spektrum an Gängen, die schnelle Abfahrten ebenso ermöglichen wie steile Anstiege. Kombiniert man das kleinste Kettenblatt vorne mit dem größten Zahnkranz hinten, ergibt sich die beste Übersetzung für das Bergauffahren. Unschlagbar sind hier Mountainbikes mit ihrem zur Bergtauglichkeit hin verschobenen Übersetzungsbereich. Aber auch Trekkingräder bieten in dieser Beziehung einen ausreichenden Komfort. Wen die vermeintlich komplizierten Schaltvorgänge abschrecken, der wird auf einer Tour schnell erkennen, wie einfach eine exakt eingestellte moderne Schaltung zu bedienen ist.

Das zweite Kriterium für die Tauglichkeit eines Fahrrades sind die Bremsen. Hier bringen moderne Cantilever-Bremsen im Vergleich zu alten Felgenbremsen auch bei nasser Fahrbahn das Rad sicher zum Stehen. Sie bleiben auch auf steilen Abfahrten ungefährlich, da sie nicht wie Rücktrittbremsen heißlaufen.

Mit empfindlichen Rennrädern wird man nicht glücklich werden. Nahezu jede der beschriebenen Touren verläuft teilweise auf Kieswegen, die den schmalen Rennradreifen arg zusetzen. Außerdem haben die Rennräder eine harte Übersetzung, die für durchtrainierte Beine ausgelegt ist. Geeignet für die Schwäbische Alb sind Tourenräder sowie Trekking- und Mountainbikes. Bei ihnen ist die nötige Stabilität mit guten Bremsen und einem ansprechenden Übersetzungsbereich gepaart, die sichere Abfahrten und kraftschonende Anstiege ermöglichen.

Zubehör

Während Touren- und Trekkingräder im Normalfall komplett ausgestattet angeboten werden, sind Mountainbikes beim Kauf mehr oder weniger nackt. Hier muß das Rad mit einer zusätzlichen Beleuchtung verkehrstauglich gemacht werden. Außerdem sind Schutzbleche ratsam, will man auf den oftmals feuchten und unbefestigten Wegen trocken und sauber bleiben. Für alle Räder hat sich eine Lenkertasche mit Kartenfach als nützliches Zubehör erwiesen. So ist eine Stärkung oder ein kleiner Photoapparat jederzeit griffbereit und die Landkarte ist immer einsehbar und muß nicht umständlich hervorgekramt werden. Ein Gepäckträger und dar-

Informationen für Radwanderer

an angebrachte Packtaschen nehmen an heißen Tagen Badesachen oder bei unsicherem Wetter zusätzliche Kleidung gegen Kälte, Wind und Regen auf. Ein Fahrradtachometer hilft Entfernungen abzuschätzen und bietet ganz nebenbei einen sichtbaren Beweis für die vollbrachte Leistung. Gerade im Gebirge mit den teils zügigen Abfahrten sollte sich jeder Radler überlegen, ob er seinen Kopf nicht besser mit einem Helm schützen will. Eine Luftpumpe und ein kleines Reparaturset, das auf das jeweilige Fahrrad abgestimmt ist, sollten für den Notfall mitgenommen werden. Flickzeug, Mantelheber, diverse Gabel- und Imbusschlüssel und ein kleiner Schraubendreher gehören zur Grundausstattung. Als Ersatzteile empfehlen sich passende Ventile, ein Schlauch und ein Brems- und Schaltzug, die allesamt nur wenig Platz benötigen.

Pflege und Reparatur

Grundsätzlich sind moderne Fahrräder robust und pflegeleicht. Trotzdem empfiehlt es sich, jedes Frühjahr das Fahrrad einer kleinen Überprüfung zu unterziehen. Hat das Rad längere Zeit mit wenig Luft in den Reifen gestanden, kann der Mantel spröde werden und sollte ausgewechselt werden. Bei Brems- und Schaltzügen ist darauf zu achten, daß sie leichtgängig sind. Ist dies nicht der Fall, sollte man sie und die Mechanismen von Bremse und Schaltung schmieren. Wichtig sind einwandfreie Bremsklötze, die gegebenenfalls gereinigt oder ausgetauscht werden sollten. Man achte dabei darauf, daß die Klötze bei angezogener Bremse exakt auf der Felge aufliegen. Verschmutzte Ketten werden mit einem Lappen gereinigt und anschließend mit einem Kettenöl besprüht. Hat man auf dem Rad schon weite Strecken zurückgelegt, kann man vorsichtshalber die Radlager von einem Fachmann überprüfen lassen. Funktioniert eine moderne Schaltung nicht mehr exakt, sollte man sich ebenfalls an einen Fachmann wenden, da die richtige Einstellung schwer zu finden ist. Grundsätzlich gilt, je hochwertiger die Schaltkomponenten am Rad sind, desto exakter und robuster sind sie. Bevor man nun auf Tour geht, sollte man noch die Sitzposition auf dem Rad überprüfen. Die Sattelhöhe ist richtig, wenn bei durchgestrecktem Bein die Ferse auf dem Pedal aufliegt. Die Lenkerhöhe stimmt, wenn die Arme etwa ein Drittel des Körpergewichtes abstützt. Anderenfalls werden entweder die Arme zu schnell müde oder man muß bei Anstiegen früh aus dem Sattel gehen.
Eine gründliche Überprüfung des Rades hilft nicht nur Pannen zu vermeiden, sondern im Notfall kennt man außerdem schon die nötigen Handgriffe. Sind die Reifen gut aufgepumpt und die beweglichen Teile gut geschmiert, tritt es sich noch einmal so leicht und einer genußvollen Radtour steht nichts mehr im Wege.

Fahrradverleih

In der Regel ist das eigene Fahrrad, das auf die persönliche Statur, die individuellen Fahreigenschaften und die körperlichen Erfordernisse eingestellt ist, einem Leihrad vorzuziehen. Sollten Sie trotzdem auf ein Leihrad angewiesen sein, wenden Sie sich am besten an die angegebenen Fremdenverkehrsämter, die die aktuellsten Informationen besitzen. Größere Gruppen sollten Leihräder unbedingt vorbestellen.

Radtransport

Wer nicht mit seinem eigenen Fahrzeug anreist, kann zu vielen der beschriebenen Touren mit der Bahn hinfahren. Aktuelle

125

Informationen für Radwanderer

Auskünfte zu Abfahrtszeiten und Radtransport erhält man über die Deutsche Bahn Hotline, Tel. (0180) 3194194.

Unterkunft und Verpflegung

In den meisten Dörfern auf der Schwäbischen Alb findet man einen Gasthof, der zur gemütlichen Einkehr animiert. Trotzdem sollte man immer einen kleinen Notvorrat an Getränken mit sich führen. Suchen Sie eine Übernachtungsmöglichkeit, stehen die örtlichen Verkehrsämter für Informationen und Vorbuchung bereit, die bei den betreffenden Touren aufgeführt sind.

Mit Kindern unterwegs

Landschaftsbedingt gibt es auf der Schwäbischen Alb kaum Radtouren, auf denen nicht Steigungen zu überwinden wären. Aber gerade auch diese Touren bieten für Kinder manches Interessante. Das trifft zum Beispiel auf die Touren 5, 8, 9, 14, 15 zu. Touren geringerer Länge oder ohne nennenswerte Steigungen sind hingegen etwa 6, 18, 26, 28, 29. In jedem Fall sollten die mitradelnden Kinder schon über eine gewisse Radfahrpraxis verfügen, ausdauernd und verkehrssicher sein. Das gilt zumeist für ein Alter ab etwa zehn Jahren. Die für Kinder zu empfehlenden Touren haben wir im Inhaltsverzeichnis und bei der Tourenüberschrift mit dem Kindersymbol 🚲 gekennzeichnet.

Alb großräumig ab und vermitteln einen guten Überblick. Noch genauer sind die Blätter der Landesvermessungsämter, die bei den betreffenden Touren aufgeführt sind. Wenn nicht anders angegeben, handelt es sich um Wander-und Radwanderkarten, die das Landesvermessungsamt Baden-Württemberg in Zusammenarbeit mit dem Schwäbischen Albverein erstellt. Zur Planung und Durchführung der vorgestellten Touren genügen die Wegbeschreibungen und Karten im Buch.

Wichtige Adressen

Touristikverband Neckarland-Schwaben
Lohtorstr. 21
74072 Heilbronn
Tel. (07131) 78520

Touristik-Gemeinschaft Schwäbische Alb
Postfach 1569
72566 Bad Urach
Tel. (07125) 948106

Fremdenverkehrsverband Bodensee-Oberschwaben
Schützenstr. 8
78462 Konstanz
Tel. (07531) 22232

Abkürzungen

LVA Landesvermessungsamt
Ww. Wegweiser

Karten

Die Radtourenkarten des ADFC 1:150000, Blatt 24 und 25, decken die Schwäbische

Informationen für Radwanderer

Kartensymbole

- **3** Tourennummer
- **A** Anfangspunkt
- **E** Endpunkt
- Kirche
- **H** Schloß
- Einkehrmöglichkeit
- Bademöglichkeit
- **M** Museum
- spezieller Tierbestand
- Ruine
- Kloster
- Kapelle
- **P** Parkplatz
- Aussichtspunkt
- Campingplatz
- Bahnhof
- Gipfel
- Aussichtsturm
- Kirchenruine
- Klosterruine
- Jugendherberge

Ortsregister

Kursive Ziffern verweisen auf Abbildungen, geradestehende auf Textstellen.

Aach 96, 99
Aachtopf 96, 99
Algershofen 117
Alleshausen 76
Altheim 78, 81, 116
Anhausen (Brenztal) 36
Anhausen (Große Lauter) 69
Arnegg 47, 120

Bad Buchau 75
Bad Urach 10, 58, *59*, 60
Bärchingen 38
Bärenhöhle 34
Baldern 21
Bartholomä 31
Bechingen 117
Benzenzimmern 14
Berkach 120
Beuron 110, *113*
Bichishausen 66
Binningen 96
Binzwangen 81, 116
Bischmannshausen 77
Bisingen 89
Blaubeuren 46, 48, 120

Blautopf 46, 120
Böhmenkirch 31
Böttingen 94
Bopfingen *22*, 23
Breitingen 42
Brenz 38
Bronnen 88
Bühlenhausen 48
Bussen 77
Buttenhausen 66

Charlottenhöhle 33

Dapfen 67
Dattenhausen 117
Dentingen 77
Dettingen 117
Dietfurt 112
Dirgenheim 14
Donaueschingen 106, *107*
Dorfmerkingen 26
Dossingen 26
Dreifaltigkeitsberg *8*, 93, 94, *94*, *95*
Duchtlingen 99
Dürmentingen 74

Ehestetten 65
Egelfingen 83
Ehingen (Donau) 117, 120
Ehingen (Hegau) 96
Engstlatt 89
Ennetach 114
Erkenbrechtsweiler 60
Eselsburg 33, 36
Eselsburger Tal 33, *35*
Ettlenschieß 45

Federsee 75, *76*
Feldhausen 86
Fohlenhaus 43
Frickingen 25
Fridingen 110

Gammertingen 85, 88
Geißenklösterle 49
Geisingen 108
Genkingen (Sonnenbühl) 64
Gerhausen 46, 120
Göffingen 77
Goldberg 16, *17*
Gopfsteinhöhle 82

Gossenzugen 71
Grabenstetten 60
Große Lauter *2/3*, 66, *67*, 68, 69
Günzburg 37, 41
Gundelfingen (Donau) 38, 39
Gundelfingen (Große Lauter) 2/3, 66, 67
Gutenstein 103, 105, 112

Haigerloch 89, *91*, 91, 92
Halzhausen 42
Hart 91
Harthausen 86
Hausen 105, 112
Hayingen 70
Hegau 10, 96, *98*
Heidengraben 60
Heiligkreuztal 78, 79
Heldenfingen 36
Hengen 59
Herbrechtingen 33
Herkheim 18
Hermentingen 84

127

Ortsregister

Herrlingen 47
Hettingen 85
Heudorf (bei Meßkirch) 100
Heudorf (bei Riedlingen) 74
Heuneburg 79, 81, 116
Hilzingen 97
Hintschingen 108
Hochberg 83
Hohenneuffen (Burgruine) 60
Hohenzollern (Schloß) 89, *92*
Hohmichele 80
Hürben 33
Hundersingen (Donau) 80, 114
Hundersingen (Große Lauter) *1*, 66
Hungerbrunnental 35, *36*

Iggenhausen 25
Immendingen 108
Indelhausen 69, *70*
Ingstetten 51
Inneringen 84, *83*
Inzigkofen 112
Ipf 23, *24*
Itzlingen 21

Jungnau 83
Justingen 51

Kapfenburg 20
Katzenstein *11*, 25, *27*
Kerkingen 21
Kettenacker 72
Kirchheim 14
Klein-Allmendingen 120
Kleinerdlingen 19
Klingenstein 120
Kornbühl 61, *64*
Krebsstein 55
Kreenheinstetten 102

Laichingen 52, 54
Laichinger Tiefenhöhle 52, 54
Laiz 112

Langenhart 102
Langenstein (Schloß) 99
Laucherttal 87, *88*
Lauchheim 20
Lauterach 69
Lautern 47, *48*
Leibertingen 101
Lengenfeld 102
Lichtenstein (Schloß) *63*, 64
Lippach 20
Lonetal 34, 42, 43
Lonsee 42
Lontal 34
Ludwigstal 110

Machtolsheim 54
Mägerkingen 88
Mahlstetten 94
Marbach 65, 67
Melchingen (Sonnenbühl) 61
Mengen 114
Meßkirch 100, 102
Möhringen 108
Moosburg 75
Mühlhausen-Ehingen 99
Mühlheim 110
Munderkingen 117, *118*, *119*

Nebelhöhle 64
Neenstetten 44
Nellingen 53
Nendingen 93, 95, 110
Neresheim 25, 28
Neuburg 68
Neuselhalden 32
Nördlingen 14, *18*, 19
Nördlinger Ries 10, 14f, *17*
Nusplingen 103

Oberdorf 23
Obermarchtal 68, 70, 117
Oberriffingen 26
Oberwilzingen 70
Ochsenwang 56
Ödenwaldstetten 65

Offingen 37
Ofnethöhle 16
Oggelshausen 76
Owingen 89

Pfohren 108

Randecker Maar 56
Rangendingen 91
Rechtenstein 70
Reisensburg 37, 41
Reußenstein (Burgruine) *13*, 56
Riedhausen 41
Riedheim 97
Riedlingen 74, 77, 78, *80*, 81, 116, 117
Rötenbach 31
Röttingen 23
Rohrdorf 102
Rottenacker 117

Scheer 114, *115*
Schelklingen 49, 51, 120
Schmiechen 120
Schopfloch 55
Schwenningen 103
Seeburg 59
Seekirch 76, *77*
Setzingen 35
Sigmaringen 112, 114, *116*
Sigmaringendorf 114
Söhnstetten 32
Sonderbuch 48
Sontheim (Brenz) 41
Sontheim (Heroldstatt) 50
Sontheimer Höhle 50
Steinheim 29
Steinheimer Becken 10, 29
Steinhilben 86
Stetten (bei Haigerloch) 89
Stetten (Donau) 94, 110
Stetten am Kalten Markt 103

Thalheim 100

Thiergarten 105, 112
Tiefenbach 76
Tigerfeld 71
Torfgrube 56
Trochtelfingen (Laucherttal) 86, *87*
Trochtelfingen (Nördlinger Ries) 16
Tuttlingen 108, 110

Ulm 120f, *121*, *122*
Undingen (Sonnenbühl) 61, 62
Unlingen 77
Untermarchtal 68, 117
Unterwilzingen 69
Upflamör 72
Ursprung (Lonetal) 42, 45
Ursprung (Schelklingen) *50*, 51
Utzmemmingen 16

Veringendorf 82
Veringenstadt 82, 84, *84*
Vogelherdhöhle 34
Volkertshausen 99

Waldhausen 81, 116
Wallerstein 14
Wasserstetten 67
Weidenstetten *44*, 45
Weiler 49, 120
Weilheim 90
Welschingen 96
Wental 29, *30*, 31, *32*
Werenwag (Schloß) 103, *104*, *105*, *111*, 112
Westerstetten 42
Wiesensteig 55, 57, *57*
Wildenstein (Burg) 101, *101*, *102*, 112
Willmandingen (Sonnenbühl) 61
Wimsener Höhle 71

Zell 117
Zwiefalten 71, 72, *73*
Zwiefaltendorf 117